ÉMILE OLLIVIER

DE L'ACADÉMIE FRANÇAISE

Solutions Politiques et Sociales

PARIS
SOCIÉTÉ DES ÉCRIVAINS FRANÇAIS
A. BELLIER ET Cie, IMPRIMEURS
18, RUE DE VALOIS, 18

1894

Solutions Politiques et Sociales

ÉMILE OLLIVIER

DE L'ACADÉMIE FRANÇAISE

Solutions Politiques et Sociales

PARIS

SOCIÉTÉ DES ÉCRIVAINS FRANÇAIS

A. BELLIER ET Cie, IMPRIMEURS

18, RUE DE VALOIS, 18

1894

Républicain, j'ai conclu, pour obtenir la liberté, un pacte avec Napoléon III, semblable à celui que les républicains Manin, Montanelli, Mazzini parfois, Garibaldi toujours, ont conclu avec Victor-Emmanuel pour conquérir l'indépendance. Le peuple a jugé que j'avais honorablement et sagement agi, puisqu'il a approuvé ce pacte par huit millions de suffrages.

Après nos malheurs, quoique traité en ennemi par la grande majorité du parti impéraliste, j'ai été fidèle à celui qui m'avait donné sa parole et l'avait tenue. Néanmoins, je ne me suis pas cru le droit d'être envers la République, mon berceau, plus sévère que je ne l'avais été envers l'Empire. A aucun moment, je n'ai employé contre elle les moyens haineux de l'opposition systématique.

*

En janvier 1876, j'écrivais aux élécteurs du Var : « Respecter la constitution et les lois établies; ne troubler, ni par l'opposition systématique, ni par toute autre manœuvre déloyale, l'essai de république qui recommence; ne pas abuser du droit d'examen qu'implique la faculté de revision, pour agiter avant l'heure le pays avide de travail, par l'acharnement de nos critiques. »

En août 1885, dans une lettre insérée au *Figaro,* je conseillais la conduite pratique à laquelle tout le monde se range aujourd'hui. Mes amis du Var, à cette époque, m'avaient écrit : « Votre candidature, si nous la posions, serait-elle résolument antirépublicaine? » J'avais répondu « *Non, ma candidature ne serait pas antirépublicaine;* car, à mon avis, la République ne doit pas être mise en question. Ma candidature serait résolument antiradicale, et rien de plus. »

En mai 1886, je terminais ainsi qu'il suit un article sur les *partis politiques :*

« La République n'est en soi, comme la

monarchie, ni un bien ni un mal; elle ne devient l'un ou l'autre que suivant la manière dont on la conduit. Aussi, je vous engage vivement à ne vous enrôler, ni parmi ceux qui préparent contre elle la révolution de l'escamotage, le vote d'une Chambre sans mandat, ni parmi ceux qui rêvent de l'étrangler dans un guet-apens, le coup d'État. Soyez avec ceux qui essayent de la redresser, de la guérir de ses tendances jacobines ou anarchiques, et de lui donner sa véritable constitution. Si elle s'obstine à sa détestable constitution monarchique, si elle persiste à n'être qu'une secte rapace et exclusive au lieu de devenir un gouvernement équitable et progressif, si elle continue à se servir du peuple au lieu de le servir, elle périra sans que vous vous en mêliez. Dans ce siècle de révolutions, *il n'y a vraiment qu'une originalité à se donner, c'est de ne jamais travailler à la chute d'aucun gouvernement*. Je vous la souhaite. »

Mais, depuis 1876 aussi, je n'ai cessé de signaler le caractère incohérent d'une constitution archaïque qui emmaillottait une jeune République dans de vieilles institutions monarchiques; et j'ai démontré ce qu'avait de contraire au bon sens et aux principes démocratiques l'institution d'un président à l'engrais, inactif et irresponsable.

J'ai, non moins persévéramment, revendiqué la restitution au peuple du pouvoir constituant dont l'Assemblée usurpatrice de Versailles l'avait dépouillé, et j'ai mis cette revendication sous l'autorité du vote unanime, rendu le 22 septembre 1792, sur la proposition de Danton : « qu'il n'y a pas de Constitution, si elle n'a pas été acceptée par le peuple. ».

Enfin, convaincu que la liberté de la conscience est la plus sainte des libertés, je l'ai défendue chaque fois qu'elle a été menacée. Je me suis efforcé de placer le pacte pacificateur de Napoléon Ier en pleine lumière et de le dégager des Lois Organiques qui en sont la négation. J'ai démontré que la suspension administrative des traitements convertissait en un salaire *facultatif* le salaire stipulé *obligatoire*. Toutefois, en combattant les fausses interprétations gouvernementales, au risque d'être honni successivement par les partis contraires, je n'ai pas voulu me prêter aux exagérations théocratiques, non moins détestables.

Dans les études spéciales que je réunis ici, j'ai été animé des sentiments qui ont inspiré ma conduite générale. Un Républicain peut les lire avec quelque profit.

Parmi les réformes que je conseille à la République, la plus essentielle est celle de son mécanisme budgétaire. Aucun remaniement d'impôt ne s'impose, et, en pareille matière surtout, il est sage de se rappeler l'adage de Walpole : *quieta non movere*. Un impôt spécial sur le revenu, déjà atteint de tant de manières, serait arbitraire, inquisitorial, inique, perturbateur. Il est, au contraire, urgent d'arrêter le débordement non interrompu des dépenses publiques. Rien ne les accroîtrait plus démesurément que la moindre concession faite au socialisme d'État, soit chrétien, soit franc-maçon. Le socialisme d'État est un gouffre qui engloutit les ressources d'un pays et n'en crée aucune. C'est la malédiction et l'infécondité. La liberté seule améliorera, comme elle n'a cessé de le faire depuis 1789, la condition du peuple et du travail. Une nouvelle aggravation, sous une forme quelconque de l'*obligatoire*, sous lequel nous succombons déjà, tarirait les sources où s'alimente la prospérité industrielle et commerciale, et déchaînerait à la longue un effroyable cataclysme social.

Les vieux marins, avec lesquels je m'entretiens sur ma plage, m'ont souvent raconté qu'il y a autant d'accidents maritimes par les temps calmes que pendant la tempête, parce que ce sont ceux des confiances négligentes.

De même, un Gouvernement n'est pas hors de péril, quand personne ne le conteste plus. Parfois, c'est la veille du jour où personne ne le soutient plus. Que la République ne s'abandonne pas aux sécurités fallacieuses. La fortune lui sourit; le Tzar lui offre son épée, et le Pape lui donne ses prêtres. Il lui reste à triompher de ses idées étroites, de ses préjugés, de son intolérance, de son mépris du droit, de son insouciance de la Justice, de ses avidités. Jusqu'à présent elle n'a été qu'une concentration incohérente, asservie aux sottises de la rue, sans autre lien qu'un même acharnement au partage des dépouilles. Qu'elle se rende digne de ses bonnes fortunes inattendues, en devenant un gouvernement homogène, sérieux, désintéressé de toute autre passion que celle du bien public et dans lequel pourra trouver sa place quiconque honore la patrie, par la probité, le travail et le talent.

La Moutte, 15 novembre 1893.

SOLUTIONS
POLITIQUES ET SOCIALES

LA GUERRE SOCIALE

I.

A entendre un certain fracas de paroles, on croirait que, jusqu'à ce jour, l'humanité ne s'était pas encore aperçue qu'il y eût des pauvres. Comme si la lutte de la richesse et de la pauvreté, et le tourment social qu'elle crée, ne se retrouvaient au fond de tous les troubles et remuements qui ont agité ou ensanglanté le monde, depuis qu'il existe! Il y a longtemps que les richesses paraissent aux mortels ce qu'il y a de plus délectable sur cette terre, et qu'ils se les disputent plus encore que le pouvoir. « Est-il riche? disait Euripide, c'est la question que fait tout le monde. Est-il vertueux? personne ne le demande. D'où et comment lui vient cette fortune, on ne s'en inquiète pas; on se demande seulement combien a-t-il (1)? »

Il y a longtemps aussi que beaucoup de ceux auxquels il n'a pas été accordé de naître riches ou de le devenir, se sont rabattus à demander l'abolition de la richesse. Ce combat du peuple maigre contre le peuple gras devint parfois effroyable. A Milet, en Grèce, les riches vaincus s'enfuient; les pauvres retiennent leurs enfants, les rassemblent dans des granges, les font broyer par les pieds des bœufs. Les riches reviennent en force; ils se saisissent des enfants des pauvres, les enduisent de poix et les brûlent vifs. A Rome, ce fut un carnage réciproque, à peine interrompu par instants, qui des Gracques continua jusqu'à Auguste. Lorsqu'on ne s'égorgeait pas sur les champs de bataille, on se crachait à la face, au forum (2).

Tout combat doit finir, ne serait-ce que par épuisement. La fin, en Grèce, fut la conquête macédonienne; à Rome, le césarisme. De césarisme usé vint l'Église.

Une première période de communisme apostolique traversée, elle se fixa dans la doctrine que

(1) Sénèque, *Lettres*.

(2) Cicéron, *ad Quintum*, II, 3,

saint Thomas a résumée. Dieu est le seul propriétaire de ce qui existe sur la terre, hommes et choses. Cependant les hommes peuvent s'emparer exclusivement, comme propriétaires, des objets communs. Ils acquièrent ainsi : 1° le droit de les gérer, d'en disposer (*potestas procurandi, dispensandi*), de les vendre, de les échanger, de les donner; 2° le droit d'en user, à condition d'en user non comme si elles leur appartenaient exclusivement, mais comme si elles étaient encore communes (*non ut proprias, sed ut communes*), de telle sorte qu'ils se montrent empressés, leurs besoins satisfaits, à subvenir aux nécessités de leurs frères. — « Celui qui, arrivé le premier au théâtre, dit le docteur suprême, préparerait la voie aux autres, n'agit pas d'une manière injuste. L'injustice consisterait à les empêcher d'y entrer. Le riche n'agit pas d'une manière injuste quand il s'empare, le premier, de la possession d'une chose auparavant commune, pourvu qu'il en fasse part aux autres (*aliis etiam communicat*); mais il pèche, s'il leur en interdit indiscrètement l'usage (*si alios ab usu illius indiscrete prohibeat*). »

Il doit au prochain son superflu, c'est-à-dire ce qui n'est pas nécessaire à l'entretien honnête de sa condition et de son état.

Saint Thomas explique nettement les raisons de cette doctrine. Les propriétés ne sont pas communes pour l'administration et la gestion, parce qu'elles seraient moins bien gérées que remises entre les mains d'un seul. De la communauté résulteraient, en outre, une confusion générale et des contestations perpétuelles. Au contraire, lorsqu'il s'agit des produits, le propriétaire doit les communiquer à ses frères, parce qu'il n'a reçu la propriété de Dieu qu'en simple usufruit et à cette condition formelle qu'il l'administrerait pour le compte commun (1).

Dans l'ancienne loi, le droit direct du pauvre sur la propriété d'autrui était formellement consacré dans certains cas. Il pouvait entrer dans la vigne du prochain et manger autant de raisins qu'il voulait, pourvu qu'il n'en emportât point au dehors; il lui était accordé de ramasser les gerbes oubliées et de recueillir les fruits et les grappes qui demeuraient après la récolte; il avait également droit à tout ce que la terre rapportait, la septième année. Sous la loi nouvelle, saint Thomas admet que, dans le cas d'extrême nécessité, le pauvre a le droit d'appré-

(1) *Summa secunda secundæ*, quæst, 66, art. 2, 7, — Voy. aussi *prima secundæ*, quæst. 105, art. 2.

hender lui-même le superflu du riche, sans être coupable ni de rapine ni de vol (1).

Cette doctrine se retrouve dans tous les sermonnaires chrétiens. Bourdaloue, surtout, est particulièrement expressif dans son discours sur l'aumône : « Dieu, dit-il, est le souverain de vos biens, il en est le seigneur, il en est même absolument le vrai propriétaire; et, par comparaison à lui, vous n'en êtes, à le bien prendre, que les économes et les dispensateurs. Tellement que l'aumône qui, par rapport au pauvre est un devoir de charité et de miséricorde, est, par rapport à Dieu, un devoir de justice. Quand le riche fait l'aumône, qu'il ne se flatte point en cela de libéralité; car cette aumône, c'est une dette dont il s'acquitte, c'est la part légitime du pauvre qu'il ne peut refuser sans injustice. Je le veux, il honore Dieu par son aumône; mais il l'honore

(1) Sed quia multi sunt necessitatem patientes et non potest ex eadem re omnibus subveniri, committetur arbitrio uniuscujusque dispensatio propriarum rerum, ut ex eis subveniat necessitatem patientibus. Si tamen adeo sit evidens et urgens necessitas ut manifestum sit instanti necessitati de rebus occurrentibus esse subveniendum, (puta ut imminet personnæ periculum et aliter subveniri non potest), tunc licite potest aliquis ex rebus alienis suæ necessitati subvenire, sive manifeste, sive occulte sublatis; nec hoc proprie habet rationem furti vel rapinæ. Sic Gury, *Compendium theologiæ moralis : de Justitia et jure*. Pars secunda, cap. II, art. II.

comme un vassal qui reconnaît le domaine de son suzerain et lui rend l'obéissance qui lui est due ; il l'honore comme un fidèle économe qui administre sagement les biens qu'on lui a confiés, et les distribue, non point en son nom, mais au nom du maître. »

Massillon n'est pas moins explicite : « Qui ignore que tous les biens appartenaient originairement à tous les hommes en commun, que la simple nature ne connaissait ni de propriété ni de partage, et qu'elle laissait d'abord chacun de nous en possession de tout l'univers ; mais que, pour mettre des bornes à la cupidité et éviter les discussions et les troubles, le commun consentement des peuples établit que les plus sages, les plus miséricordieux, les plus intègres seraient aussi les plus opulents ; qu'outre la portion du bien que la nature leur destinait, ils se chargeraient encore de celle des plus faibles, pour en être les dépositaires, et la défendre contre les usurpations et les violences ; de sorte qu'ils furent établis, par la nature même, comme les tuteurs des malheureux, et que ce qu'ils eurent de trop ne fut que l'héritage de leurs frères confié à leur soin et à leur équité (1). »

(1) *Pensées sur l'aumône.*

La sanction de ce devoir de dispensateur, imposé au riche, est terrible : c'est la damnation éternelle. Plus il aura eu du bien sur la terre et en aura joui, plus le ciel lui sera fermé. Le seul fait de la richesse, s'il ne s'en est pas affranchi par l'aumône, la pénitence et la vertu évangélique, lui sera un sujet de condamnation; car il est écrit qu'un chameau passera plutôt par la petite porte de Jérusalem, appelée le Trou-de-l'Aiguille, qu'un riche n'entrera dans le royaume du ciel. Lorsque Abraham, du haut de la demeure céleste, apprend au mauvais riche le motif de sa condamnation, il ne lui dit pas, comme Jésus le dira, au grand jour, aux réprouvés : « Lazare était nu et vous ne l'avez pas revêtu, il avait faim et vous ne l'avez pas rassasié, il était malade et vous ne l'avez pas soulagé. » Il se contente de lui dire : « Mon fils, souvenez-vous que vous avez reçu des biens pendant votre vie » *Fili, recordare quia recepisti bona in vita tua*, et il lui montre Lazare revêtu de gloire et d'immortalité.

Ainsi l'inégalité de la terre était compensée par l'inégalité du ciel. La terre appartenait bien au riche, mais le ciel était l'héritage du pauvre. Et quand celui-ci, pressé par les duretés de son sort, se plaignait, les pasteurs lui répondaient :

« Ce puissant qui s'étale au-dessus de ta tête et t'éclabousse de ses prospérités te paraît enviable, détrompe-toi, mon fils : il ressemble à un homme qui songe qu'il est heureux, et qui, après le plaisir de cette courte rêverie, s'éveille au son d'une voix terrible, voit avec surprise s'évanouir ce vain fantôme de félicité qui amusait ses sens assoupis, tout s'anéantir autour de lui, tout disparaître à ses yeux, et un abîme éternel s'ouvrir, où des flammes vengeresses vont punir, durant l'éternité, l'erreur fugitive d'un songe agréable (1). »

L'Église ne s'est pas contentée de renvoyer le pauvre aux consolations du ciel. Sur la terre, elle a été elle-même une bienfaitrice infatigable. Elle a multiplié les écoles, les asiles, les hôpitaux, et il n'est aucune des plages sur lesquelles ses apôtres ont posé les pieds, où ne subsistent les impérissables monuments de sa sollicitude. L'Église a fait plus encore. C'est d'elle que sont sorties ces âmes de feu, dévorées de l'amour de Dieu, auquel elles espéraient arriver par l'amour du prochain, qui, non contentes de donner leur aumône, se sont données elles-mêmes, « épousant la pauvreté », afin qu'elle parût moins méprisable aux yeux de tous et moins dure à ceux

(1) Massillon.

qui la subissaient, soulagés ainsi de ce qui leur semble le plus insupportable, l'opprobre moral.

Que d'actes sublimes et de mots pathétiques n'a pas inspirés cet amour de la pauvreté! « Eh! qu'avez-vous, mes filles? demandait sainte Thérèse à ses compagnes établies presque confortablement après de dures privations; vous êtes tristes? — Ma mère, répondirent-elles, comment ne le serions-nous pas, maintenant que nous ne sommes plus pauvres! »

Deux hommes, surtout, ont professé avec passion ce culte extatique de la pauvreté : François d'Assise et Vincent de Paul. La critique a démontré que les *Petites Fleurs de saint François* sont inexates quelquefois. Je ne veux pas le savoir. Aucune exactitude érudite n'égalera la vérité de ce petit livre; car, s'il lui arrive de raconter de travers les gestes de l'homme, il révèle l'âme du saint avec un ineffable enchantement.

Quels détails, quelles biographies, quelles annales donnent, de son ardeur pour les tribulations, de sa soif d'humilité, de sa divine allégresse sous les coups et les outrages, une idée aussi pénétrante que celle qu'on doit au récit, peut-être légendaire, de la conversation avec le doux Frate Leone?

« Père, je te prie, de la part de Dieu, de m'apprendre où est la joie parfaite? » Et saint François lui répondit : « Quand nous serons à Sainte-Marie-des-Anges, ainsi trempés de pluie, transis de froid, souillés de boue, mourant de faim, et que nous frapperons à la porte du couvent, et que le portier en colère viendra demander : « Qui êtes-vous? » et quand nous lui dirons : « Nous sommes deux de vos frères », et qu'il répondra : « Vous êtes deux « ribauds « qui allez trompant le monde, allez-vous-en. » et qu'il nous chassera comme des coquins imposteurs, avec des injures et des soufflets, disant : « Hors d'ici, voleurs! » et s'il nous jette à terre, nous roulant dans la neige et nous meurtrissant de tous les nœuds de son bâton; si nous soutenons toutes ces choses avec patience et allégresse, pensant aux peines du Christ béni, ô Frate Leone! écris que là est enfin la joie parfaite. »

François astreint son ordre à la plus stricte pauvreté : pas d'or, ni d'argent, pas de propriété immobilière; on vivra du travail des mains, ou de mendicité. Toutefois, cette dévotion à Madame la Pauvreté ne tourne jamais, dans cette âme tendre, en malédiction contre le riche, et le *Væ divitibus* est peut-être la seule parole de l'Evangile dont il paraisse n'avoir gardé aucune souvenance. Après avoir, dans sa règle, ordonné que tous les Frères soient vêtus d'habits de bure, il les avertit, les exhorte à ne pas mépriser ni juger les hommes qu'ils verront vêtus mollement, portant des habits de couleur, et usant d'aliments et de breuvages délicats; mais que chacun se juge et se méprise soi-même (1).

Avec moins d'envolée poétique, dans la mesure de la justesse française, Vincent de Paul n'est pas un amant de la pauvreté moins ardent que François.

Il voulait être nourri parcimonieusement; il portait d'ordinaire des soutanes fort usées et même rapiécées; jusqu'à l'âge de quatre-vingts ans, il se contenta d'habiter dans une petite chambre sans lambris, sans natte et sans autres meubles qu'une simple table de bois avec deux chaises de paille et une chétive couchette garnie d'une paillasse, d'une couverture et d'un traversin. « Hélas ! disait-il, que deviendra cette communauté, si l'attache aux biens du monde s'y met? Que deviendra-t-elle, si elle donne l'entrée à cette convoitise des biens

(1) Le Monnier, *Histoire de Saint François d'Assise*, t. II, p. 99.

que l'Apôtre dit être la racine de tous les maux (1) ? »

Son ardeur de charité a été si intense que l'Eglise, pour le canoniser, ne demanda la preuve d'aucun acte surnaturel. Cette longue, infatigable, imperturbable et efficace vie de dévotion fraternelle lui parut le plus éclatant des miracles.

Oserai-je le dire? il dépasse François, par son institution des Filles de la Charité. Nul avant lui n'avait eu la compatissante inspiration d'envoyer aux malheureux, couchés sur des grabats, des servantes angéliques qui semblent leur appartenir sans partage, car ils les appellent : ma sœur! Jusqu'à nos tristes jours, la vénération publique n'avait pas permis qu'on portât la main sur ces sœurs du pauvre. Un démagogue piémontais ayant proprosé de les supprimer, Cavour s'était révolté : « J'abandonnerais dix fois le ministère, plutôt que de m'associer à un acte qui ferait un tort immense à notre pays, aux yeux de l'Europe civilisée. La suppression des Sœurs de Charité serait une des plus grandes erreurs, parce que cette institution honore, non seulement le catholicisme, mais encore la civilisation. » (13 fév. 1855).

(1) Abelly, *Saint Vincent de Paul.*

En résumé, dans l'antiquité, la richesse et la pauvreté avaient été pacifiées par César. Dans le catholicisme, elles le furent par Dieu. Le moyen de César avait été la force; celui de Dieu fut l'amour.

La chute de toutes les anciennes dominations, suite des bouleversements territoriaux du Ve siècle, assura une longue prépondérance à la solution de l'Eglise. On peut dire qu'à travers des luttes et des modifications incessantes, elle est restée la règle communément acceptée des pensées et des faits, jusqu'en 1848, où la démocratie pure naquit de nouveau du suffrage universel.

La Révolution française, sauf au moment de sa crise frénétique, qui a trop marqué dans l'ordre des faits, mais dont la trace est nulle dans celui des idées, ne fut pas antireligieuse. Le prêtre n'y a pas été frappé ainsi qu'on l'a justement remarqué, en qualité de prêtre, mais comme noble, royaliste, émigré. Jusqu'à la Terreur, les processions de la Fête-Dieu se firent paisiblement à Paris, et, dès que la Terreur eut pris fin, la restauration du culte catholique commença et le Concordat la mena à bout (1).

(1) Emile Ollivier, 1789 *et* 1889, p. 261.

La foi catholique avait été ébranlée, au XVIIIe siècle, dans la noblesse et la haute bourgeoisie; dans la petite bourgeoisie et dans la bourgeoisie lettrée, sous la Restauration. Elle n'a été vraiment attaquée et atteinte dans le peuple qu'à partir de 1848. De ce moment, la solution qu'elle avait donnée aux rapports de la richesse et de la pauvreté fut résolument contestée, raillée. « Je craindrais, dit un personnage des *Dialogues philosophiques* de Renan, d'avoir l'air de distribuer de faux billets et d'empêcher les pauvres gens, en les leurrant d'espérances douteuses, de réclamer leur part en ce monde. »

Par le rapprochement des livres de la bibliothèque d'un charpentier du Devoir de 1856 et d'un charpentier indépendant de 1889, on peut juger du chemin parcouru. Le charpentier de 1856 avait sur son étagère quatre paroissiens, deux *Imitations de Jésus-Christ*, le *Combat spirituel*, l'*Instruction chrétienne*, les *Cantiques de Saint-Sulpice*, l'*Exercice spirituel, etc*. Dans le catalogue des livres du charpentier de 1889, on trouve : le *Capital*, de Karl Marx; l'*Organisation du travail*, de Louis Blanc; le *Journal officiel* de la Commune; la *Révolution française*, de Michelet; *Quatre-*

vingt-treize, de Victor Hugo; les *Mystères de Paris* et *Juif errant,* d'Eugène Süe; *Exploits du 2 décembre,* de Prat, *etc.* (1).

Dès l'origine de cette révolution dans les idées, les esprits prévoyants, même ceux auxquels cette destruction de la foi catholique ne déplaisait pas, sentirent le vide profond qui allait se creuser et confessèrent que, sous le ciel désert, allait désormais s'agiter une terre désolée. « Chez nous, disait Jouffroy, le mouvement de destruction a déjà cessé dans les classes éclairées, mais pas encore dans les masses. Le mouvement du XVIIIe siècle continue dans les masses et n'est pas près d'y être achevé. Le jour où l'on se trouvera à vide entre deux croyances, l'une détruite et l'autre à faire, sans foi morale, sans foi religieuse, sans foi politique, sans idées arrêtées d'aucune espèce sur les questions qui font palpiter l'humanité, alors, les esprits s'élançant à la recherche de la vérité dans des directions différentes et se dispersant, avec le même fanatisme, sur les milliers de routes qui s'offriront à eux, il faudra que le bon

(1) *Les Charpentiers de Paris,* par M. du Maroussem. L'intérêt de cette étude remarquable est accrue par une belle préface de M. Funck-Brentano, qui traite ces questions en penseur éminent et en homme de cœur.

sens de l'époque soit bien puissant s'il ne se manifeste pas dans les masses une agitation, une effervescence, une anarchie dangereuses » (1).

Cette lamentation sur l'avenir remplit le Discours aux Philosophes de Pierre Leroux. « La terre reste une vallée de larmes, mais les malheureux n'ont plus de ciel. Quel frein avez-vous laissé à ces misérables, et quelle règle de vie leur avez-vous donnée? Vous avez effacé de leur cœur Jésus-Christ, qui commandait aux hommes, au nom de Dieu, de s'aimer les uns les autres et qui promettait un port aux affligés. Mais savez-vous que c'est une horrible chose, de conserver le bourreau après avoir ôté le confesseur? Et maintenant, le peuple dit : « Vous m'avez ôté le paradis dans le ciel, je le veux sur la terre. »

Voilà où nous en sommes. Suivant la prophétie de Pierre Leroux, le peuple, auquel on a ôté le paradis au ciel, le demande sur la terre. La lutte entre le peuple maigre et le peuple gras recommence, comme à Athènes et à Rome. *Quæ fuerunt futura*, a dit le Sage. Les mêmes points de départ amènent les mêmes conséquences.

(1) *Du Problème de la Destinée humaine.*

Une société, comme un individu, ne vit que par une passion forte. Quelle peut être celle d'une démocratie? Elle n'a pas les ambitions extérieures; son idéal c'est la jouissance dans les gras pâturages, et la patrie lui paraît suffisamment glorieuse, dès qu'elle a étalé ses prospérités matérielles. Se faire riche devient dès lors l'ambition générale. Mais tous ne peuvent y réussir. Alors éclate une contradiction à la fois pathétique et menaçante. L'égalité des droits a été accolée à l'inégalité des conditions: le souverain dans la cité politique reste le subordonné dans la cité sociale; celui qui a disposé de l'État se retrouve le lendemain derrière une machine ou au fond d'un puits. Ce contraste lui paraît intolérable, et il demande l'égalité partout, devant le coffre-fort comme devant l'urne. Pour y parvenir, les habiles abandonnent l'atelier, la mine, le comptoir, l'étude du praticien, le cabinet de l'avocat ou du médecin, et se constituent en bandes de politiciens dévorant la chose publique. Le plus grand nombre, auquel il n'est pas donné d'arriver parmi les politiciens achalandés, prépare la guerre sociale. Les hostilités ont été dénoncées.

II

Le fond même du débat est fort peu intéressant, quoique toujours très dramatique. Ce sont les mêmes déclamations, les mêmes pétitions de principes, les mêmes sentimentalités incohérentes, niaises et vagues, cent fois confondues par la discussion et condamnées par l'expérience (1). Il me paraît néanmoins utile d'observer la forme qu'on donne à toutes ces vieilleries, et la tactique qu'on met à leur service.

Pour cela il faut préciser l'état actuel des idées.

Pendant des siècles, nos pères ont lutté pour nous conquérir la liberté du travail. Autrefois le travail sous toutes les formes était serf. Le paysan ne pouvait planter qu'un certain nombre de vignes et ne vendanger qu'à une certaine époque; par décret de parlement, il devait moissonner de telle façon, de manière qu'il se perdît moins d'épis. Dans l'industrie, c'était pire; tout était garroté, réglementé, écrasé.

(1) Voyez notamment *le Collectivisme* de M. Paul Leroy-Beaulieu, la remarquable brochure de M. Naquet : *Socialisme collectiviste et socialisme libéral*, l'intéressant exposé de M, Bourdeau : *le Socialisme allemand;* l'éloquente étude de M. Anatole Leroy-Beaulieu : *la Papauté, le Socialisme et la Démocratie*, et sur les principes généraux le livre de M. Molinari : *l'Economie politique*.

A l'origine, les corporations, appelées autrement *universités*, avaient été une organisation défensive contre les oppressions diverses qui, sous le régime féodal, pesaient sur le faible, et aussi une école de discipline, d'ordre, de sage hiérarchie pour les travailleurs, une cause d'excitation profitable pour les maîtres, le point de départ d'une ère de perfectionnement et de prospérité pour l'industrie nationale. A la longue, elles étaient devenues un moyen d'exploitation et de fiscalité, une occasion de monopole, un motif d'infériorité pour l'industrie, un prétexte à des abus intolérables, une véritale oppression du travailleur et du travail. Le pauvre, n'étant pas en situation de payer « les infinis présents et banquets » qui, plus que le mérite, faisaient admettre le chef-d'œuvre sans lequel on n'était pas maître, était condamné à se traîner perpétuellement dans la médiocrité, « besognant en chambre ».

La révolution de 89, en l'un de ses jours les plus mémorables, a déclaré que l'homme n'avait pas de propriété plus respectable, plus inviolable que celle de son labeur quotidien, et qu'il était monstrueux de ne pas laisser le travailleur disposer comme il l'entend de ses bras et de son cerveau, et elle a proclamé la liberté du travail. Liberté sainte, s'il en fut jamais! Grâce à cet affranchissement des antiques servitudes, l'industrie, le commerce, l'agriculture, prirent un tel essor de prospérité, qu'à peine écouta-t-on Louis Blanc et Cabet, lorsque, en 1848, ils parlèrent d'organisation de travail et communisme. Ouvriers et patrons furent d'accord à protéger la liberté contractuelle que les uns et les autres considéraient comme la plus sûre des garanties et la meilleure des organisations. L'opinion était tellement unanime à ce sujet, que Napoléon III, malgré le caractère dictatorial de son pouvoir, ne songea pas un instant à mettre la main sur la liberté du travail. Loin de là, à la suggestion d'un de ses conseillers les plus sagaces, Morny, il la compléta.

La Révolution, après avoir grandement posé le principe, s'était arrêtée à mi-route. A ce prolétaire déclaré libre, affranchi des tyrannies du monopole corporatif, elle avait refusé de s'entendre avec ses pairs pour débattre les conditions de son travail, et elle avait interdit les coalitions.

Elle ne lui avait pas davantage permis de s'unir avec eux par la plus longue entente de l'association, et elle avait soumis les Sociétés, même industrielles et commerciales, à des gênes qui les paralysaient. « Il n'y a plus de corporation dans l'Etat, avait dit Chapelier, il n'y a plus que l'intérêt particulier de chaque individu et l'intérêt général. Il n'est permis à personne d'inspirer aux citoyens un intérêt intermédiaire, de les séparer de la chose publique en esprit de corporation. »

Napoléon III établit la liberté des coalitions, et, — ce qui a encore été plus fécond en conséquences, quoiqu'on l'ait moins remarqué, — la liberté des Sociétés commerciales, financières, industrielles, anonymes, en les dégageant de la nécessité de l'autorisation préalable et de la surveillance administrative. Dès lors, la liberté du travail exista véritablement en France avec tous ses bienfaits et toutes ses conséquences. C'est de ce jour que fut répudiée la théorie trop individualiste de la Révolution.

Le rapporteur de la loi ne manqua pas de signaler l'importance de l'évolution théorique. Après avoir rappelé la maxime de Chapelier, il ajouta : « De là sont sortis les excès de la centralisation, l'extension démesurée des droits sociaux, les exagérations des réformateurs socialistes; de là procèdent Babœuf, la conception de l'État-providence, le despotisme révolutionnaire sous toutes ses formes. Là trouve son origine le préjugé contre l'initiative individuelle; là se découvre, comme le fruit dans la fleur, la doctrine de l'omnipotence souveraine des gouvernements. Il n'est pas vrai qu'il n'y ait que des individus, grains de poussière sans cohésion, et la puissance collective de la nation. Entre les deux, comme transition de l'un à l'autre, comme moyen d'éviter la compression de l'individu par l'État, existe le groupe, formé par les libres rapprochements et les accords volontaires. C'est à lui qu'il est réservé d'accomplir les œuvres de travail, d'assistance, d'expansion, de progrès, qui excèdent la puissance individuelle et qui deviendraient impossibles ou oppressives si elles ne pouvaient être que par la force des pouvoirs publics. C'est lui qui a créé les merveilles du monde moderne, les Compagnies de chemin de fer, les diverses Associations industrielles ou commerciales, les écoles gratuites, les Sociétés de secours mutuels; c'est lui qui déploiera dans l'avenir des puissances inconnues de prospérité, de richesse, de travail, d'ordre et d'apaisement (1). »

On n'a guère protesté contre la liberté des Sociétés anonymes, on s'est plus souvent récrié

(1) Emile Ollivier. Rapport sur la loi des coalitions, du 22 avril 1864.

contre celle des grèves. On a eu tort. Sans doute, le droit de se coaliser est souvent mal employé, mais de quelle liberté n'en peut-on constater autant? Les journalistes qui maudissent le droit de coalition lorsque éclatent des grèves aussi condamnables que celle de Carmaux, ne se récrieraient-ils pas si on demandait la suppression de la presse à cause des articles insensés, publiés quotidiennement par les journaux? Le mal ne vient pas des coalitions, mais de l'impunité laissée à l'oppression qui les accompagne. Lorsque, après beaucoup de tergiversations, on se croit obligé d'empêcher les ouvriers de massacrer leurs patrons ou leurs camarades hostiles à la grève, on se hâte de leur demander pardon et on les gracie avec honneur. Ainsi pratiquée, la loi sur les coalitions est une véritable calamité. Dès qu'on l'appliquera en son intégralité, elle ne sera qu'une soupape de sûreté utile et sans danger.

Pendant que la France achevait l'œuvre sociale et civile de la Révolution française, l'Allemagne, par la voix de Lassalle et de Karl Marx, en dogmatisait la négation. Reprenant les thèses de Louis Blanc et de Cabet, aussitôt mortes que nées chez nous, elle anéantissait la liberté à peine complétée de l'individu devant l'omnipotence de l'Etat. La propriété du sol, comme celle de l'usine, devait passer, des propriétaires et des chefs d'industrie, aux mains de la collectivité qui les administrerait par ses représentants librement élus.

Le système est très simple : l'Etat s'attribue tous les capitaux pour en faire un capital collectif unique, il sera propriétaire de tous les instruments de travail, y compris le sol et les mines; tous les moyens de productions deviennent possession de la communauté. L'Etat reste seul dispensateur du travail, obligatoire pour tous; il se substitue à l'entrepreneur, il règle la production collective. Il accumule et réunit dans sa main tous les produits de ce travail social, et il établit la juste répartition entre les individus, sauf la partie retenue pour les frais d'administration, les établissements publics, les hôpitaux, les écoles, les invalides, l'entretien des instruments de travail, les fonds de réserve pour les accidents et les troubles résultants des événements naturels, retenue qui remplacera les impôts (1). C'est un amalgame de la caserne et du couvent, une répétition de l'organisation du Paraguay, une imitation brutale de la cité de Salente, de

(1) Bourdeau, p. 77. Voy. aussi De Laveleye, *Du Socialisme contemporain*.

Fénelon. Il y a aussi quelque chose du bagne : avec cette seule différence que le forçat du bagne social choisira son garde-chiourme.

Le collectivisme, à peine constitué en Allemagne, vint frapper à notre porte. Une portion de nos ouvriers, malheureusement la pire, lui refusa l'accès et ne consentit pas à lui sacrifier l'individu, mais, se jetant follement dans un extrême opposé, revendiqua l'indépendance de toute règle, de tout frein, de tout gouvernenent, et proclama l'anarchie. Comme l'esprit humain, si ce n'est dans la science, n'a plus rien à inventer, l'anarchie est une contrefaçon seulement « entre gens, ni bien nés, ni bien instruits, « ni conversants en compagnies honnestes », de l'abbaye de Thélème, dont la règle était : *Fais ce que tu voudras* : « Toute la vie des Thélémites était employée, non par lois, statuts ou règles, mais selon leur vouloir et franc arbitre. Ils se levaient du lit quand bon leur semblait, buvaient, mangeaient, travaillaient, dormaient, quand le désir leur venait. Nul ne les éveillait, nul ne les forçait ni à boire, ni à manger, ni à faire autre chose quelconque. »

En un point seulement, les deux écoles s'entendirent : c'est sur la nécessité d'exproprier le bourgeois, le propriétaire, le capitaliste. Pour les collectivistes, l'expropriation était un préalable; pour les anarchistes, elle était le but définitif. Après l'expropriation, les collectivistes entendent gouverner à outrance; les anarchistes entendent qu'on ne gouverne pas du tout, comme on l'a dit spirituellement : il n'y aura rien, personne ne sera chargé de l'exécution du décret, et le monde marchera à merveille, dès que chacun fera ce qu'il voudra.

L'anarchie n'a pas de chance auprès du prolétaire français, soldat au fond, discipliné, et qui se sentirait perdu s'il n'était lié, protégé, administré, gouverné. Aussi n'a-t-elle fait et ne fera-t-elle aucun progrès, et il n'y aurait même pas a en parler, si elle n'avait suscité d'horribles forfaits; mais alors, c'est au gendarme, au procureur général et non aux publicistes, qu'il appartient d'intervenir. Le collectivisme, au contraire, s'est étendu et s'étendra. Sous cette forme, l'Allemagne est en train de conquérir en France l'esprit des classes ouvrières. Tant que notre gouvernement était une monarchie, l'ouvrier hésitait à s'élancer dans ce collectivisme, par défiance du chef qui régissait l'Etat; maintenant qu'il vit dans une république dont il est ou espère devenir le maître, il vogue à pleines voiles dans ses eaux troubles.

A cet égard, le doute n'est pas possible après tant de déclarations des congrès ouvriers. Au troisième congrès notamment, tenu à Marseille, la majorité a déclaré : que la situation du prolétaire ne saurait être améliorée « sans une transformation complète de la société, qui consistera dans la collectivité du sol, sous-sol, instruments de travail, matières premières, donnés à tous et rendus inaliénables par la société à qui ils doivent retourner (1) ». Le collectivisme est donc la bannière sous laquelle le socialisme révolutionnaire livrera sa bataille.

III

Comment le collectivisme doit-il conduire cette bataille? Ici il y a plus de nouveauté que dans la doctrine elle-même. Dans la guerre de jadis, on abordait l'ennemi de front et on

(1) M. du Maroussem voit, entre le collectivisme allemand et le socialisme français, une différence que nous ne voyons pas. Il dit de ce dernier : « C'est une organisation du travail laissant subsister la liberté individuelle avec une réglementation à outrance comme correctif, et la propriété privée tempérée par un système énergique d'impôts. » (P. 208.) La liberté individuelle n'est pas seulement corrigée par la règlementation à outrance, elle est détruite; un système énergique d'impôt ne tempère pas la propriété, il l'abolit.

essayait de le forcer. Aujourd'hui, on l'enveloppe et on l'enferme dans une large étreinte qui va sans cesse en se resserrant jusqu'à ce qu'il demande grâce et capitule.

On agissait de même en politique. Voulait-on renverser un gouvernement? on le lui notifiait bruyamment, on refusait de le reconnaître, on niait sa légitimité avec autant de violence qu'on censurait ses actes.

Voulait-on détruire la religion? on ne le laissait pas ignorer. Réduire à la famine ses ministres paraissant le moyen le plus sûr d'y parvenir, on réclamait ouvertement la suppression du budget des cultes.

Voulait-on confisquer la propriété? on déclarait sans détour qu'elle était un vol, et on la sommait de faire son testament.

Voulait-on mettre la main sur l'usine et exproprier le patronat? on déclamait à voix déployée contre l'infâme capital.

Les arriérés et les naïfs ont encore de ces façons; les malins procèdent depuis longtemps d'une façon différente, et la tactique politique entre leurs mains a subi la même modification que la tactique militaire : elle est devenue, elle aussi, enveloppante.

Veulent-ils renverser un gouvernement? ils

l'acceptent, s'y rallient, le déclarent légitime, indispensable; on ne se défie plus d'eux, ils entrent dans la maison, en pénètrent les secrets, se munissent de bonnes places, afin d'attendre plus patiemment, et, dès que la mauvaise fortune ou les difficultés surviennent, ils jettent le masque, donnent le croc-en-jambe du dernier moment et vont ensuite demander au nouveau pouvoir, comme récompense de leur longue trahison, une place meilleure.

Veulent-ils supprimer la religion? ils se font bons apôtres : personne ne respecte davantage les consciences; ils désirent simplement empècher les usurpations qui nuisent surtout à la religion elle-même. Qui songe à toucher au Concordat? Il ne s'agit que de l'appliquer strictement, comme il a été conclu.

Veulent-ils supprimer la propriété? ils en proclament l'inviolabilité; seulement, elle doit l'impôt, et, comme elle est un privilège, cet impôt doit être la rançon de la sauvegarde dont elle jouit, et l'on grossit, multiplie tellement cet impôt, que la propriété n'est plus que nominale et que la substance en passe au fisc.

Veulent-ils supprimer le patronat? ils le déclarent indispensable, mais ils lui imposent tant de restrictions, ils s'immiscent si constamment dans ses attributions, ils le chicanent, le réduisent, le contraignent de telle sorte que, maître encore en apparence, il est en réalité l'esclave.

C'est selon cette méthode qu'est conduite la guerre contre le catholicisme.

Le bugdet des cultes est maintenu, même défendu; mais par la suppression administrative des traitements, par le veto opposé à la nomination comme curés inamovibles des prêtres indépendants, on est arrivé virtuellement à cette suppression, qu'on n'aurait pas obtenue par une attaque découverte; et Paul Bert, l'inventeur de cette conduite, a pu s'écrier en triomphateur : « L'État est le maître du budjet des cultes, et l'on pourrait prévoir, en poussant la logique jusqu'à l'impossible, même à l'absurde, une situation où, en présence du Concordat, le budjet n'existerait plus qu'en droit et aurait disparu en fait. »

Les collectivistes, encouragés par ce succès, ont trouvé la tactique excellente et ils l'ont adoptée. Leurs docteurs en chambre continuent à dogmatiser, leurs orateurs de réunions publiques à déclamer. Leurs chefs d'action plus pratiques ont réduit leurs revendications à deux points : la réforme de l'impôt et les huit heures de travail.

Par l'impôt, ils comptent confisquer la terre;

par la règlementation légale des heures de travail, l'usine.

L'un des collectivistes les plus éminents, dans un livre qui contient sur l'état de l'Amérique de fort belles pages, l'a très franchement avoué, en ce qui concerne la propriété :

« Je ne propose ni d'acheter ni de confisquer la propriété privée de la terre. L'un serait injuste, l'autre serait inutile. Que les individus qui maintenant possèdent, conservent, si cela leur est nécessaire, la possession de ce qu'ils appellent *leur terre*. Qu'ils continuent à l'appeler *leur* terre. Qu'ils l'achètent et qu'ils la vendent, qu'ils la lèguent ou la divisent. Nous pourrons leur laisser l'enveloppe si nous prenons l'amande. *Il n'est pas nécessaire de confisquer la terre; il est seulement nécessaire de confisquer la rente.* Et pour prendre la rente pour des usages publics, il n'est pas non plus nécessaire que l'Etat s'embarrasse de la location des terres, et assume les chances du favoritisme, de la connivence, de la corruption qui pourraient en résulter. Il n'est nécessaire de créer aucun nouveau rouage administratif. Le mécanisme existe déjà. Au lieu de l'augmenter, tout ce que nous avons à faire, c'est de le simplifier et de le réduire. En laissant aux propriétaires tant pour cent de la rente, ce qui serait probablement moins que le coût et la perte occasionnés par la perception de la rente par l'Etat, et en se servant du mécanisme existant, nous pourrions, sans bruit ni choc, affirmer le droit commun à la terre, en prenant la rente pour les besoins publics. Nous prenons déjà une partie minime de la rente par des impôts. Nous n'avons qu'à faire quelques changements dans nos taxations, pour la prendre tout entière (1). »

Nos socialistes n'admettent pas encore la forme d'impôt proposée par l'Américain, l'impôt unique sur la terre, renouvelé de Quesnay; mais ils s'inspirent de sa pensée de confiscation.

Toute réforme d'impôt socialiste a ce caractère, qu'elle est arbitraire; et l'impôt sur le revenu ou sur le capital, progessif ou non, en est le type. C'est un retour aux anciens impôts de l'ancien régime, dont le caractère était l'inquisition odieuse. Au moindre soupçon, réel ou non, d'une fraude, on était poursuivi de jour et de nuit, troublé dans son travail, inquiété dans sa maison, forcé d'ouvrir le foyer de la famille à des inspecteurs brutaux. La Constituante, par une équitable réaction, n'admit que les impôts

(1) Henri George, traduction Le Mounier, *Progrès et Pauvreté,* p. 384.

n'exigeant pas que le citoyen soit soumis à une inquisition vexante, à une taxation capricieuse. Elle déclara fermement : « Que les principes, les droits, les lois et les mœurs proscrivent toute espèce d'inquisition, et que l'impôt doit être également réparti entre tous les citoyens, en raison de leurs facultés, et déterminé par des signes visibles, extérieurs, indépendants de toute déclaration personnelle. » C'est le bel ordre établi d'après ces données, que menace la folie socialiste.

Les Médicis avaient attaché une importance majeure à maintenir à l'impôt son caractère arbitraire; ce fut le poignard dont ils se servirent pour percer leurs ennemis, le bâton à l'aide duquel ils les assommèrent, le terrorisme par lequel il les obligèrent à plier sous leur domination. Nos socialistes, qui veulent aussi percer, bâtonner, assommer, terroriser d'instinct, — car leur dédain de l'histoire ne permet pas de les accuser de plagiat, — rêvent d'employer les mêmes procédés.

Nous n'avons pas, sur la pensée subversive impliquée dans la réglementation légale des heures de travail, un aveu semblable à celui de George sur le rôle reservé à l'impôt dans la destruction de la propriété; mais les faits parlent de reste. Il suffit de regarder de près se ce qui ceache sous cette prétention d'une philanthropie si anodine.

La question a, d'abord, un aspect purement industriel.

Parmi les ouvriers, il en est deux espèces : les probes, laborieux, qui ne demandent qu'à améliorer leur sort par l'assiduité et le développement de leur habileté technique; les paresseux qui ne cherchent qu'à gagner le plus, en faisant le moins.

Les premiers veulent le salaire proportionné au travail et aux œuvres. Les seconds exigent, indépendamment du travail et des œuvres, un salaire moyen, uniforme, n'exigeant pas trop d'efforts des médiocres et des paresseux, n'assurant pas d'avantage particulier aux actifs

Le premier système jusqu'à ce jour a été celui des ouvriers français. Le second est celui que la tyrannie des meneurs populaires des *Trades-Unions* impose aux ouvriers anglais. Même lorsque les ouvriers sont payés à la tonne, c'est-à-dire suivant un système permet tant de gagner selon la capacité et le travail, les ouvriers actifs s'arrêtent volontairement afin de ne pas s'exposer au courroux des paresseux qui ne peuvent extraire dans leur journée autant de tonnes qu'eux. De telle sorte qu'il y a une entente imposée, pour qu'un bon ouvrier ne gagne pas plus qu'un mauvais.

Les patrons français, avec beaucoup de raison, se sont rangés du côté des travailleurs probes et n'ont cessé de poursuivre les combinaisons les plus aptes non à réaliser une égalité inique, mais au contraire à permettre à chaque ouvrier de proportionner son gain à sa valeur morale et à sa capacité professionnelle (1). C'est ainsi qu'à Anzin, par exemple, le salaire varie dans certains cas de 3 francs à 7 francs ; tandis que, d'après le système anglais, il serait dans les mêmes conditions uniformément de 5 fr. 47.

Le système du travail de huit heures, imposé par la loi, aurait donc le premier effet détestable de condamner les chefs de l'industrie française et leurs meilleurs ouvriers à l'uniformité niveleuse du salaire moyen, tombeau de l'émulation, oppression de l'ouvrier laborieux et capable par l'ouvrier paresseux et médiocre.

(1) Voy. Charles Ledoux, *Conférence sur l'organisation dans les mines*, travail excellent qui, dans sa concision, est plus instructif que beaucoup de gros volumes. J'en recommande vivement la lecture à ceux qui raisonnent sur ces questions, et surtout à ceux qui en déraisonnent.

Il a de plus, toujours au point de vue industriel, l'inconvénient d'être impraticable. Ainsi, voilà un navire des Messageries Maritimes qui arrive au chantier de la Ciotat. On n'a qu'un délai de huit jours, pour le radouber. Avec le travail réglementaire, il faudrait un mois de temps : on donne un coup de collier, on double les heures de travail, et le navire est prêt au jour voulu. Dira-t-on qu'il y aurait un moyen d'arriver au même résultat, qui serait de doubler le nombre des ouvriers, au lieu de doubler les heures de travail, ce qui donnerait satisfaction au plus grand nombre? Mais non! c'est impossible. D'abord, on ne peut trouver à volonté, du soir au matin, des ouvriers spéciaux. En outre, qu'en ferait-on, dès que la tâche exceptionnellement urgente aurait été accomplie? On ne pourrait les conserver qu'en réduisant tous les autres à la portion congrue.

Mais ces considérations spéciales ne sont rien, à côté de l'objection de principe tout à fait écrasante.

Bien entendu, nous trouvons légitime et naturel que les ouvriers, usant des moyens d'action dont ils disposent largement, essayent d'obtenir de leurs patrons, en ce qui concerne les heures de travail comme en tout le reste, les meilleures conditions possibles. Par là, ils ne font qu'user de leur liberté. Ce qui nous paraît intolérable, c'est que l'Etat, en leur nom, règle d'autorité les heures de travail. Qu'est-ce, en effet, autre chose que dicter une des clauses du contrat de louage d'ouvrage? Dès qu'on en a dicté une, il n'y a pas de raison pour qu'on n'en impose pas une seconde. Les heures de travail fixées, on réclamera l'interdiction de renvoyer les ouvriers, l'obligation de les recevoir, puis un minimum des salaires, puis on ira à une participation forcée aux bénéfices; d'échelon en échelon, par une force logique irrésistible, on aboutira à supprimer le patron et à mettre l'usine en collectivité.

Les promoteurs de la fixation des heures de travail s'y acharnent moins, à cause de la question elle-même, qu'en vue de la conséquence dernière vers laquelle elle est un premier acheminement. Ils craignent d'être rebutés si, tout d'un trait, ils parlaient de s'emparer de l'usine et s'ils l'attaquaient de face; ils se glissent, s'insinuent, l'enveloppent. Ils se découvriront lorsque, toutes les positions intermédiaires occupées, il ne sera plus temps de les arrêter.

De même que l'application stricte du Concordat est la manière détournée de détruire le catholicisme, l'impôt arbitraire sur le capital ou le revenu, celle de confisquer la propriété, la règlementation législative des heures de travail, est l'artifice destiné à s'approprier l'usine et à préparer la victoire finale du collectivisme.

IV

Le but de l'armée révolutionnaire montré, sa tactiqne exposée, recherchons comment le monde auquel elle a dénoncé les hostilités se prépare à y répondre?

La grande majorité ne s'y prépare pas du tout. Elle n'entend rien ou ne veut rien entendre. Elle monte solennellement sur ses *mail-coachs*, devant le populaire dont son infatuation opulente n'aperçoit pas le ricanement goguenard; elle jase, médit, se promène, se visite, va au bal, au théâtre, aux courses, aux eaux, court les grosses dots ou les beaux titres, se renferme héroïquement dans son hôtel le 1er mai, puis n'y pense plus, et recommence à s'agiter dans le vide.

A l'opposé de cette majorité d'indifférents ou d'égoïstes se trouve une autre catégorie dont le nombre s'accroît à vue d'œil, celle des philanthropes révolutionnaires. De même que le collectivisme, c'est de la Prusse que nous vient cette secte. Le propagat eur efficace, sinon l'inventeur a été Mgr Ketteler, l'archevêque de Mayence, prélat docte et fort éloquent. Aveuglé par l'espoir chimérique d'un succès impossible, il a cru qu'il ramènerait les ouvriers collectivistes au catholicisme, en s'associant à leurs passions et, en grande partie, à leur langage. Il s'est prononcé pour la règlementation légale des heures de travail, sans se rendre bien compte de ce qu'impliquait cette adhésion, et il a souvent fait entendre contre les riches des diatribes aussi enflammées que celles des démagogues les plus emportés.

« La fausse théorie du droit absolu de propriété est un crime perpétuel contre la nature; car elle trouve parfaitement juste de détourner, pour la satisfaction d'une insatiable cupidité et d'une sensualité effrénée, ce que Dieu a destiné à la nourriture et au vêtement de tous les hommes; car elle étouffe les plus nobles sentiments dans la poitrine des hommes et développe une dureté, une insensibilité à la misère humaine telles, que les animaux même n'en connaissent pas de semblables; car elle appelle justice le vol organisé. En effet, comme le dit un Père de l'Eglise, un voleur n'est pas seulement celui qui s'empare du bien d'autrui, mais aussi celui qui retient le bien d'autrui. Le mot fameux « la propriété c'est le vol », n'est pas purement un mensonge. Il contient, auprès d'un grand mensonge, une féconde vérité. On ne peut plus aujourd'hui s'en débarrasser par de simples plaisanteries. Il nous faut détruire ce qu'il renferme de vérité, pour qu'il devienne un jour tout à fait un mensonge. Aussi longtemps qu'il recèlera une parcelle de vérité, il a assez de force pour renverser de fond en comble l'ordre de ce monde... Elle n'est pas seulement antichrétienne, mais antinaturelle, cette doctrine qui fait de l'homme le dieu de son avoir et lui donne le droit de détourner les fruits de sa propriété, qu'il devait distribuer à ses frères pauvres, pour la satisfaction de ses plaisirs et de sa sensualité débordante (1). »

On dirait vraiment que Mgr Ketteler n'a jamais observé le fait de la richesse. Où a-t-il vu un riche détournant les fruits de sa propriété au détriment de ses frères, pour satisfaire ses plaisirs et sa sensualité débordante? Prenez un acte quelconque de la vie du riche, de ses plaisirs, de sa sensualité, de son luxe, de ses folies, je ne parle pas de ses vertus; loin d'y trouver un détournement, vous y verrez une distribution faite au profit de celui qui n'a rien par celui qui a

(1) *La Théorie du droit de propriété*, 1er *Sermon*, traduction Decurtins.

trop. Ses indigestions font vivre les médecins et les pharmaciens ; sa vanité sustente les parasites ; son luxe enrichit les artistes; son indolence entretient de nombreux serviteurs. Quoi qu'il fasse, quoi qu'il invente pour s'amuser ou tuer son ennui, il arrive toujours à laisser tomber de sa main dans la main d'un autre une portion de ses biens. Dépenser sous une forme quelconque, économiser même, puisque l'économie s'emploie en valeurs destinées à alimenter du travail, c'est toujours distribuer. Dans les temps de la thésaurisation, on concevait l'absorption égoïste par un seul, de ce qui appartient à tous ; aujourd'hui que la fortune s'emploie et circule sans cesse, le riche n'est qu'un distributeur selon la donnée de saint Thomas d'Aquin et de Mgr Ketteler, ou mieux, un intendant du pauvre se payant de ses propres mains. Le moraliste regrettera que la distribution ne s'inspire pas toujours des règles de la saine morale; l'économiste, qu'elle tourne au profit des arts parasites au lieu d'être productive de nouvelles richesses ; mais ni l'un ni l'autre, s'ils ouvrent les yeux, n'accuseront le riche de détourner à son profit exclusif ce qui appartient à tous. Le voulût-il, il n'y parviendrait pas. Il est dans l'impossibilité matérielle d'user seul de sa richesse. Cette richesse est comme ces réservoirs des hautes montagnes, d'où les eaux fécondantes, lentement amassées, descendent dans les plaines qu'elles couvrent de moissons. Leur a-t-on jamais reproché d'arrêter les nuages et d'emmagasiner la pluie du ciel?

La véritable victime de la richesse, c'est le riche lui-même, s'il ne sait pas la maîtriser, si, au lieu d'en faire un instrument de bien, il s'en rend l'esclave. Son désir, trop souvent, au lieu d'être apaisé par l'abondance, en est enflammé d'une convoitise sans cesse croissante, et sa faim est plus aiguisée par l'usage que par la disette. Il avait d'abord acquis pour se tirer de gêne, maintenant il acquiert furieusement dans la crainte de perdre, et ne pas s'accroître sans mesure finit par lui paraître une perte intolérable. Dans cette tension, que ne tempère plus aucune culture littéraire ou artistique, l'âme se resserre, se stérilise, et baisse à mesure que les revenus montent.

La richesse n'est vraiment odieuse que lors qu'elle est acquise d'une certaine manière. Ainsi quelques financiers se groupent en syndicats occultes, achètent des journaux, lancent avec force réclames et mensonges une valeur équivoque, médiocre ou mauvaise, en gorgent le public ignorant et crédule, puis se retirent et la laissent tomber après s'en être débarrassés avec de gros bénéfices. L'opération liquidée, ils en recommencent une autre du même genre, vont écumer un marché différent et faire de nouvelles victimes. Voilà qui justifie la haine publique et l'indignation de la conscience honnête.

Qu'on le veuille ou non, les déclamations contre la richesse de la nature de celles de Mgr Ketteler aboutissent à préconiser l'établissement de l'égalité sociale, comme corollaire de l'égalité politique. Quel téméraire la promettra?

Si l'on me dit que l'homme fabriquera des vêtements plus commodes que ceux des anciens; qu'il se nourrira d'une manière plus hygiénique, et peut-être moins sauvage, en s'affranchissant, par la composition chimique de certains aliments, de la cruelle nécessité de vivre de la mort des animaux; si l'on m'annonce que le travail, étant de plus en plus généralisé, sera moins lourd pour chacun en particulier, qu'il s'opérera avec moins de sueurs et dans des conditions plus faciles; si l'on m'assure que la science, à qui nous devons déjà tant de miracles, en opérera de plus grands encore, qu'elle allègera de plus en plus les douleurs inévitables et augmentera le nombre de celles dont on se préservera; si l'on me prédit qu'un jour chaque citoyen pourra entendre, comme s'il était présent, sur la place de son village, le discours prononcé à Paris et qu'ainsi une nation dispersée sur un vaste territoire sera comme autrefois réunie sur un seul forum : je n'y contredirai pas. Mais si l'on me prophétise que toutes les différences entre les hommes disparaîtront, j'aimerai autant croire que nous marcherons sur la tête ou que nous ne mourrons pas.

L'égalité des conditions ne se conçoit pas plus que la terre réduite à une immense plaine monotone, dépouillée de la parure de ses montagnes et de ses vallées. Le communiste Henri George daigne le reconnaître, et aujourd'hui ce n'est plus sans mérite : « Tous les hommes ne possèdent pas les mêmes capacités et, parmi les milliers d'hommes qui ont passé sur la terre, il n'y en a probablement jamais eu deux physiquement ou mentalement identiques. » Comment des êtres aussi différents seraient-ils égaux? Ils ne le deviendraient pas, même si on les plaçait dans des conditions matérielles semblables, tant ils sont autres par les pensées, les sentiments, les sensations, les forces. Tandis que, dans les casemates de 1851, mon père (il me l'a souvent raconté) souffrait cruellement de la malpropreté, de la nourriture sordide et du froid, beaucoup de ses compagnons, habitués à la dure, déclaraient ne s'être jamais trouvés aussi confortablement. Un homme du monde saisi à son réveil, dans un appartement riche, conduit en voiture cellulaire dans un cachot de Mazas, éprouve des tortures que ne soupçonne pas le repris de justice ou le vagabond soumis au même traitement.

L'erreur de ceux qui poursuivent le nivellement social est de confondre la pauvreté avec la misère. Cependant, bien avant Proudhon (1), Aristophane les avait distinguées. « La vie du mendiant, dit-il dans son *Plutus,* consiste à ne rien avoir; la pauvreté, à vivre d'épargne et de travail, sans superflu, mais aussi sans manquer du nécessaire. » Dans la misère même, il y a à distinguer la misère imméritée, celle des victimes de la fatalité, celle de l'ouvrier qui ne trouve pas de travail, de la femme restée sans protecteur avec de jeunes enfants à nourrir, celle de l'infortuné auquel la santé fait défaut; et la misère de l'ivrogne, du libertin, du paresseux, de celui qui préfère pourrir dans l'abjection plutôt que de s'imposer des contraintes et de s'assujettir à des devoirs.

(1) *La Guerre et la Paix,* t. II, p. 129.

Tant que le travail restera la loi du monde, la diversité de l'effort et de l'intelligence entraînera la disproportion des profits et du salaire ; et toujours, à côté des riches, il y en aura d'autres qui le seront moins, d'autres qui ne le seront point du tout. « Il y aura toujours des pauvres parmi vous », est-il écrit. Au contraire, de plus en plus, sous l'action de tant de cœurs généreux. la misère imméritée s'atténuera et disparaîtra enfin. Quant à la misère qui est un châtiment, elle durera autant que le gendarme et le geôlier.

Les déclamations contre la richesse ne constituent pas toute la rhétorique du philanthrope révolutionnaire : il y ajoute les droits du travail, les désastres de la concurrence, la nuit du 4 août du capital, l'avènement du quatrième Etat.

Les droits du travail! — Le travail n'a pas des droits distincts de ceux du capital. Le caractère vrai des rapports entre le capital et le travail est l'harmonie et non l'hostilité, le concours et non l'antagonisme. Le véritable rival du capital, c'est le capital qui lui fait concurrence, et non le travail qui le féconde ; le compétiteur sérieux du travail, c'est le travail qui s'offre en même temps, et non le capital qui l'assiste. Même, à y regarder de près, le capital n'est que l'autre nom du travail : le travail proprement dit c'est le travail actuel, le capital n'est que le travail accumulé par l'épargne. Ainsi tout ce qui profite au premier profite au second, et celui-ci s'enrichit de tout ce dont bénéficie celui-là. Chaque progrès, ainsi que l'a constaté Bastiat, augmente la part absolue de chacun d'eux dans le partage du produit de la collaboration. La seule différence est que la part proportionnelle du capital diminue sans cesse comparativement à celle du travail, qui augmente sans interruption.

Les désastres de la concurence! — Sans doute, la concurrence n'est pas, plus que tout autre fait économique, dénuée d'inconvénients. Elle avilit le salaire lorsque le travail est rare. Alors comment l'empêcher? Elle le fait hausser, au contraire, quand les patrons en quête d'ouvriers surenchérissent entre eux; elle accroît sa valeur réelle, lorsque les marchands en quête d'acheteurs abaissent le prix des objets de consommation. D'une manière générale, elle est le stimulant auquel l'industrie doit ses découvertes et ses perfectionnements; elle éveille l'activité, l'esprit d'invention et suscite les initiatives fécondes. Comme l'a dit avec énergie Stuart Mill, malgré ses tendances socialistes : « Partout où il n'y a pas concurrence, il y a monopole ; et le monopole, quelle que soit sa forme, est une taxe levée sur ceux qui travaillent, au profit de la fainéantise, sinon de la rapacité. Dans l'état actuel de la société, tout ce qui limite la concurrence est un mal ; tout ce qui l'étend, fût-ce même aux dépends du bien-être temporaire d'une classe de travailleurs, est un bien en définitive. La protection contre la concurrence est une protection en faveur de l'oisiveté, de l'inaction intellectuelle, une dispense de l'obligation d'être aussi intelligent et aussi laborieux que les autres hommes. » Chaque fois que les effets de la concurrence sont paralysés par une entente quelconque, le consommateur est rançonné.

La nuit du 4 août du capital ! — Cette nuit est en train, depuis longtemps. Elle s'opère sous nos yeux insensiblement, mais irrésistiblement. La conversion successive des fonds d'Etat, la capitalisation de plus en plus élevée des valeurs de tout repos, la surcharge constante des impôts, la diminution des profits, tendent à supprimer à la fois l'homme et le capital oisifs. Bientôt nul ne pourra vivre sans un labeur incessant, et, pour demeurer les bras croisés, il faudra une accumulation de richesses tout à fait exceptionnelle. Cette nuit ne saurait donc signifier que l'abolition complète du capital. Qu'on l'essaye! Cela équivaudrait à réduire le Temps à Aujourd'hui, en supprimant Hier et Demain.

L'avènement du quatrième Etat! — On concevait un tiers Etat, lorqu'il y en avait officiellement et légalement deux autres, le clergé et la noblesse. Mais aux trois Etats hostiles et inégaux, la révolution a substitué un Etat unique, dans lequel nobles, prêtres, bourgeois et ouvriers trouvent honorablement leur place dans l'égalité des droits et des devoirs sociaux. Où il n'y a plus, ni premier, ni second, ni troisième Etat, un quatrième ne saurait surgir. Et Dieu en soit béni! Car le siècle des ouvriers serait celui de la barbarie. La société en périrait.

La seule des thèses des philanthropes révolutionnaires qui nous paraisse sensée est leur critique de nos lois sur les associations. Elles sont absolument défectueuses. Elles interdisent toute fondation perpétuelle, comme toute constitution d'un être moral capable de posséder et de transmettre sans l'approbation du gouvernement. Par là, l'initiative originale est paralysée, découragée ou annulée. Après la triste expérience de la liberté de réunion, je n'oserais conseiller d'accorder le droit de s'associer en matière politique. Partout ailleurs, je le crois indispensable. Il devrait être permis, à certaines conditions générales déterminées par la loi, de créer des fondations perpétuelles se maintenant et se gouvernant elles-mêmes sans aucune immixtion officielle.

L'essentiel de la liberté n'est pas la liberté politique, simple garantie le plus souvent nécessaire, parfois aussi inutile que dangereuse; c'est la liberté sociale et civile dont aucun parti ne paraît avoir souci. Les créations individuelles prodigieuses, telles que le Crédit lyonnais, et dans un autre ordre le Bon Marché, le Louvre, la Belle-Jardinière, etc., suscitées par la liberté des Sociétés anonymes, donnent la mesure de ce dont nous serions capables si nos mains et nos pieds étaient enfin débarrassés de leurs entraves séculaires.

Les Etats-Unis doivent leur puissante vitalité à cette large liberté d'association. Leur gouvernement est détestable. Démocratique d'enseigne, il est en réalité une oligarchie de politiciens imprudents, rapaces, tarés, dont rougiraient Washington, Franklin, Jefferson. « Il est d'axiome courant qu'il ne peut pas y avoir un honnête homme dans les emplois publics et que, s'il y en a un, il est bien fou de l'être (1). »

(1) Henri George, p. 510.

— Le peuple joue un rôle très subordonné, même dans les élections de ses propres représentants, la majorité se bornant à ratifier purement et à confirmer les nominations faites et soutenant les mesures et la politique préparées par l'oligarchie du parti (1). » Le gouvernement lui-même ne réside pas dans les mains du Président et des Chambres, mais dans celles de comités irresponsables nommés par le speaker, délibérant sans publicité et décidant toutes les affaires avec l'autocratie d'un Conseil des Dix. Cependant la nation continue son mouvement d'extraordinaire expansion, grâce à cette faculté d'association qui développe sans mesure le ressort individuel et permet de ne pas souffrir des défectuosités du gouvernement et d'y suppléer.

Notre gouvernement vaut moins encore que celui des États-Unis, et chaque jour il deviendra pire, sous la pression anarchique d'un suffrage universel non hiérarchisé et de plus en plus ahuri par la détestable éducation de politiciens dignes de ceux des États-Unis. Il est donc urgent que le droit d'association nous donne les moyens d'avoir notre vie propre et de sauver ce qui demeure intact du génie français.

Les philanthropes révolutionnaires compro-

(1) Seamen. *Système du Gouvernement américain.*

mettent cette belle cause, en l'associant à un projet de restauration du système corporatif de l'ancien régime. Ce mot, mal famé aux yeux des libéraux, a écarté bien des concours qui, sans cela, eussent été assurés. La victoire des idées est facilitée par les condescendances du langage, et ce n'est pas le chef-d'œuvre de l'habileté politique que d'employer les mots qui alarment.

Tout en désirant l'établissement de la liberté civile et sociale d'association, et quoique nous n'ayons plus en elle autant de confiance qu'au moment de notre rapport sur la loi des coalitions, nous en attendons d'excellents résultats. Nous ne croyons pas pourtant qu'elle fonde une société nouvelle dans laquelle il y aura autant d'harmonie et de bonheur qu'il y a de conflits et de calamités dans la nôtre. Après comme avant la liberté d'association, la fatalité de la vie humaine sur la terre sera le combat, l'incertitude, la souffrance. L'association reconstituât-elle des corporations, même chrétiennes, la question du capital et du travail ne serait pas résolue. Les nouvelles corporations, on en peut juger par les *Trades-Unions* anglaises, ne tarderaient pas, à l'instar des anciennes, à se fermer, à limiter le nombre des apprentis, à rejeter les invalides, à établir un monopole à leur profit. Et les travailleurs refusés ou exclus recommenceraient la bataille sociale et poursuivraient la destruction des nouvelles maîtrises et jurandes. Un mouvement de ce genre commence aujourd'hui en Angleterre, dans la masse des travailleurs contre les *Trades-Unions* traitées d'aristocratiques (1).

La candeur avec laquelle Mgr Ketteler s'est engagé dans sa voie funeste n'est pas douteuse. La doctrine politique qu'il a maintenue, à côté de sa thèse socialiste le démontre. L'Église, dans laquelle le plus humble a toujours pu parvenir par son mérite aux sommets sociaux les plus élevés, a toujours, en ce sens, admis la démocratie. Elle a éprouvé, au contraire, une répugnance presque constante, quoiqu'elle ne l'ait jamais proscrite (2), contre la démocratie pure, gouvernement par la multitude. Elle a souvent répété la parole de l'un de ses pontifes : *Populus docendus, non sequendus.* « Le peuple doit être enseigné et non suivi. » Suarez et Bellarmin indiquaient le sentiment commun des docteurs de l'Église, lorsque l'un disait que la

(1) Howell, *le Passé et l'Avenir des Trades-Unions,* traduction Le Cour Grandmaison,

(2) Bossuet, *Politique tirée de l'Écriture,* l. II, art. 2, 12e proposition : « Dieu prend en sa protection tous les gouvernements, *en quelque forme qu'ils soient établis.* » — Emile Ollivier, *le Concile du Vatican,* t. 1er, p. 326.

monarchie était le meilleur des gouvernements *monarchicum esse optimum* (1); l'autre, que la démocratie en était le pire *deterrimum regimen* (2). Mgr Ketteler en est resté à cette opinion. « L'histoire, dit-il, atteste que les Etats démocratiques sont condamnés à une prompte décadence et à une corruption intérieure plus prompte encore. Il n'existe pas de fait historique plus évident que celui-ci : c'est que, entre toutes les formes possibles du gouvernement, la monarchie est de beaucoup la plus fréquente, celle qui a le plus duré, celle enfin qui, comparée, non à un idéal arbitraire, mais à la réalité, aux avantages et aux inconvénients des autres gouvernements, offre le plus de garanties pour la félicité des peuples. Si donc nous consultons l'histoire, et si ses résultats nous apparaissent comme légitimes et nécessaires, nous devons admettre que la monarchie tempérée est relativement la meilleure forme de constitution. (3) »

D'autres personnages, qui, à l'exemple de l'évêque de Mayence, sont devenus des philanthropes révolutionnaires, y ont mis plus de ma-

(1) *De Fide,* disp. IX, sect. VI, n° 10.

(2) *De Romano Pontifice,* l. I, cap. III.

(3) *L'Allemagne après la guerre de* 1866, traduction Bellet, p. 198.

clice. Ils ont voulu imitr la conduite si souvent rappelée des praticiens romains. Ceux-ci voulant perdre le second des Gracques s'adressèrent au tribun Livius Drusus « et lui proposèrent de se liguer avec eux contre Caïus, non en violentant le peuple ou en résistant à ses volontés, mais au contraire en faisant tout ce qui pouvait lui être agréable, et en lui accordant des choses par le refus desquelles il aurait été bien plus honnête d'encourir sa haine et de s'exposer à toute sa fureur » (1). Tactique au lendemain dangereux! Le succès répondit d'abord à cet astucieux calcul, Caïus Gracchus fut abandonné par le peuple, mais, « dit Mirabeau, frappé du coup mortel, il jeta de la poussière contre le ciel en attestant les dieux vengeurs, et de cette poussière naquit Marius, Marius moins grand pour avoir exterminé les Cimbres que pour avoir abattu dans Rome l'aristocratie de la noblesse ».

Il en adviendra de même des philanthropes révolutionnaires par politique. La démocratie coule à plein bord de leurs lèvres, et ils se fâchent quand on ne se prosterne pas, avec eux, devant leur idole nouvelle. Peines perdues! Quoi qu'ils offrent, le collectivisme ne s'en contentera pas : quand ils auront tout accordé,

(1) Plutarque.

on leur demandera encore quelque chose, c'est de se supprimer eux-mêmes. Si, réveillés enfin de leur illusion, ils s'y refusent, on les supprimera. La philanthropie révolutionnaire ne conjure pas le collectivisme, elle l'encourage, l'alimente, le justifie. Elle est une complicité, non une résistance. Elle portera une large part des malheurs que déchaînera, sur nos sociétés, cette aberration doctrinale. Les cupidités des foules ne sont dangereuses que lorsqu'elles sont exaltées par des encouragements d'en haut. Il est imprudent d'accorder la moindre satisfaction à un système faux : on ne repousse ses conséquences extrêmes qu'en s'opposant, à tout risque, au moindre de ses effets. C'est une illusion de croire qu'après avoir allumé un grand feu, on l'éteindra par quelques gouttes d'eau bénite.

V

D'autres philanthropes sont beaucoup moins dangereux même quand ils se trompent : ce sont les philanthropes philosophes, étrangers à l'action, qui, du domaine de la pensée pure, donnent des directions à ceux qui sont dans l'activité politique ou industrielle. J'en connais peu de plus désinterressés, de plus dignes de respect que mon ami le comte de Chambrun. Malgré sa grande fortune et sa cécité, devenu sociologue en ses vieilles années, il aborde ces études compliquées avec la verdeur d'une âme éprise de charité, et la puissance d'un esprit habitué à remuer en maître les problèmes philosophiques. Selon lui, l'usine en est encore au gouvernement personnel, aristocratique, arbitraire : elle doit se transformer, s'élever au gouvernement libre, représentatif, démocratique, par la constitution d'un Conseil patronal. Il consent à procéder par gradations. Le Conseil patronal du chef de l'industrie serait d'abord nommé par lui-même avec une seule session annuelle de un ou de quelques jours, il finirait par être l'élu du suffrage universel de l'usine, pour arriver à une sorte de permanence chaque dimanche ou à peu près, et il participerait avec voix impérative au contrôle et à toutes choses (1).

Ce système méconnaît le caractère prédominant du régime industriel, qui est l'omnipotence du patron. Il est érroné de mettre sur la même ligne le patron et l'ouvrier. Par le nombre, les ouvriers l'emportent de beaucoup sur le patron, puisque leurs salaires entrent dans toute entre-

(1) *Mes conclusions sociologiques* (Calmann Lévy), p. 84.

prise pour les 3/5 ou 3/4 ; au contraire, au point de vue du succès de l'affaire, ils ne sont que des zéros, d'un effet formidable lorsqu'ils sont précédés d'un chiffre sérieux, sans nulle valeur lorsqu'ils sont seuls. Observez l'industrie la plus florissante et demandez-vous pourquoi elle a réussi, tandis que tant d'autres de même nature ont échoué ; et vous verrez qu'à la tête de l'une il y a eu un homme d'une volonté energique, d'une claire intelligence, tandis que les autres ont été conduites par des chefs indolents ou bornés. Prenez cette entreprise en pleine prospérité, placez-la pendant quelques années entre des mains incapables ; les machines seront aussi excellentes, les ouvriers aussi exercés, et cependant l'entreprise croulera.

Autrefois, en Angleterre, les ouvriers participaient à l'administration des ghildes marchandes. Les maîtres, absolument empêchés par cette immixtion paralysante, obtinrent du pouvoir royal d'en être débarrassés. Il existe en Australie, à Broken-Hill, une mine de minerai d'argent d'une remarquable richesse. Les directeurs, sociologues aussi, eurent l'idée d'abandonner la direction aux ouvriers. Ceux-ci débutèrent par s'allouer un salaire uniforme de 12 fr. 50 ; peu à peu ils réduisirent les heures du travail à trois heures dix minutes. L'entreprise allait sombrer si les patrons ne s'étaient hâtés de reprendre le commandement.

Alors que je préparais la loi sur les associations coopératives, j'ai suivi de très près le fonctionnement des Sociétés de production assez nombreuses, créées par les ouvriers. Toutes échouèrent piteusement, sauf celle des maçons, parce que, parmi les associés, l'un d'eux, nommé Cohadon, très actif et très intelligent, avait obtenu l'autorité du patron.

Le même résultat est constaté par tous les observateurs bien informés. En ce moment, il existe à Paris trois associations d'ouvriers charpentiers de production. Dans deux d'entre elles, le directeur, dépendant absolument de l'assemblée des associés, est contraint d'obéir à la volonté de la majorité, selon les idées de M. de Chambrun. Dans la troisième (de la Villette), le directeur est investi d'un pouvoir dictatorial; sa révocation ne peut être prononcée que par les deux tiers des voix, c'est un consul à vie, appuyé sur une puissante société secrète organisée aristocratiquement (Société des Compagnons du Devoir), selon les vieilles idées de commandement énergique et de hiérarchie sociale. Les deux premières sont en liquidation;

la troisième prospère; en 1890, elle a réalisé 96,003 francs de bénéfices (1).

Mettez sur le plus accompli des corps humains, celui de *l'Apollon du Belvédère,* une tête de niais ou de fou; malgré la beauté des membres, il ne sera certainement pas le dieu des poètes. Rien n'est fort que par la tête, à l'usine comme à l'armée, comme au gouvernement. Mieux vaut, selon le dicton éternellement vrai malgré sa banalité, une armée d'ânes conduite par un lion qu'une armée de lions conduite par un âne. Le régime parlementaire et représentatif n'a pas toujours fait bonne preuve en politique; à l'usine, ce serait certainement la banqueroute!

Quand je dis omnipotence du patron, je n'entends pas par là despotisme et brutalité. Je sais que toute multitude méprise le chef qu'elle ne craint pas. Le châtiment qui, dans les armées romaines, n'était appliqué qu'après la seconde faute, suivait la première dans l'armée de l'austère Corbulon. « Cela parut, dit Tacite, préférable à la clémence; car il y eut moins de désertions dans le camp où l'on était impitoyable, que dans ceux où l'on était indulgent. » L'observation pourrait être généralisée. Néan-

(1) Du Maroussem, p. 173.

moins, je ne puis me défendre de croire que, même dans la sévérité, il doit y avoir quelque chose de miséricordieux, et surtout qu'il faut se garder des âpretés blessantes, autorisant l'ouvrier à supposer qu'on le traite en ilote.

En Belgique fonctionnent, dans les charbonnages de Mariemont et Bascoup, des chambres d'explication, composées en égal nombre de représantants des ouvriers et de la Compagnie. Ces Conseils se réunissent chaque mois pour étudier toutes les réclamations que les délégués des ouvriers demandent à soumettre à un examen contradictoire, et, à l'occasion, s'entretenir avec les ingénieurs des règlements d'atelier et des améliorations techniques. Dans la Prusse rhénane, les ouvriers élisent un collège de confiance, *Aeltesten Collegium,* chargé à la fois de veiller à la conduite de l'ouvrier, même en dehors de l'usine, et de transmettre aux patrons leurs observations et leurs vœux sur la marche et les conditions du travail. A Berlin, dans la brasserie Schultheiss, les ouvriers nomment des délégués que la direction consulte sur les questions intéressant le personnel, salaire et règlement de travail. En tout ceci, il n'y a pas un acheminement au système de M. de Chambrun, puisqu'il s'agit de conversation et non d'immixtion autorisée dans la conduite de l'affaire. L'omnipotence patronale peut très bien se concilier avec cette bonne pratique. Malheureusement elle n'est pas partout réalisable. Quelle conversation, par exemple, établir entre un ingénieur et les ouvriers qui tentent de l'assassiner?

Un homme de savoir et de bien, M. Charles Robert, s'est constitué, depuis des années, l'apôtre convaincu et persuasif du système de la participation aux bénéfices. Il y a quelque chose à retenir de ce système.

Le salaire, loin d'être une vieillerie de l'ancienne société destinée à disparaître, me paraît, au contraire, une des formes indestructibles de la rétribution du travail.

Le chef de l'État est salarié, pourquoi l'ouvrier rougirait-il de l'être? Le salaire — les économistes l'ont démontré à satiété, — est la forme perfectionnée de la collaboration primitive. Primitivement, le capital apportait la force accumulée, le travail la force actuelle; puis le bénéfice de l'opération se partageait entre les deux collaborateurs. Mais s'il n'y avait pas de bénéfice, ou, si sa réalisation se faisait attendre, le travailleur dépourvu de ressources antérieures se trouvait dans la détresse. Alors survint une nouvelle convention. Le capitaliste dit au travailleur : « Tu vas me vendre à forfait ta part de bénéfice, moyennant une somme fixe indépendante des résultats de l'affaire, et je supporterai seul les chances favorables ou contraires. » Voilà ce qu'est le salaire. Il assure au travailleur ce que tant de Français cherchent avec avidité dans les emplois publics dont le nombre s'accroît toujours si effroyablement : une rémunération ne dépendant pas d'un aléa.

Sans remonter à l'origine des sociétés, nous retrouvons la transformation fatale qui, de l'association avec partage des bénéfices, a conduit au forfait du salaire dans l'*Artel russe*. L'*Artle* était une association ambulante et temporaire d'ouvriers qui, pendant l'été, logeaient, mangeaient, travaillaient ensemble et, à la fin de la saison, divisaient entre eux les profits. Mais souvent il n'y avait pas de profits, parfois des pertes ; alors l'*Artel* se modifia en un contrat avec un entrepreneur retenant pour lui toutes les chances heureuses ou contraires de l'opération, moyennant les gages mensuels (1).

Le progrès sera d'abord de mieux établir les conditions de ce salaire et, au rebours de ce que

(1) Mackenzie Wallace, *la Russie* (traduction Bellenher) tome 1 p. 121.

poursuivent les partisans des heures réglementaires, de le proportionner à l'effort et à la capacité de chacun; puis, sans revenir à l'aléatoire dont on est sorti, d'exciter l'émulation par l'espérance, en ajoutant à la partie fixe une partie mobile dépendant des chances heureuses de l'entreprise. La participation aux bénéfices atteint ce premier but.

Elle aura en outre l'avantage de résoudre une contradiction en apparence insoluble. L'humanité exige que le taux du salaire suffise à l'entretien de l'ouvrier; le calcul du *doit* et de l'*avoir* ne permet pas qu'il excède le prix déterminé par l'offre et la demande. Un patron n'est pas un apôtre, c'est un spéculateur. Quand il stipule le salaire, il ignore si son opération sera lucrative ou ruineuse; il est donc obligé de restreindre autant qu'il le peut le prix de revient dont le salaire est l'élément principal. Si, en effet, l'affaire ne donne pas de bénéfices, il s'en tiendra là, et l'ouvrier, quelque réduite qu'ait été sa rémunération, aura été plus favorisé que le patron, obligé peut-être de déposer son bilan. Si, au contraire, l'affaire procure un beau bénéfice, il sera libre alors, se rappelant que son superflu est dû au pauvre, de réparer l'inflexibilité de l'exigence industrielle et d'offrir spontanément à ses collaborateurs, sous forme de participation, ce qu'il a été obligé de leur mesurer sous forme de salaire, avant la liquidation heureuse de l'affaire.

Réduite à ces termes, l'idée d'une participation aux bénéfices, consentie volontairement par le patron et réglée souverainement par lui, est juste. Poussée au delà, arrivant à une immixtion de l'ouvrier dans les inventaires et dans les gestions des chefs d'industrie, elle soulève les mêmes impossibilités que le Conseil patronal et ne doit pas être acceptée.

Cette participation imposée aurait, en outre, un inconvénient signalé par M. Funck-Brentano. « La participation aux bénéfices, dit-il, n'est en réalité qu'une prime payée aux grandes entreprises qui se trouvent dans une situation de production vraiment heureuse; elles sont un désastre pour toutes les autres, et surtout pour la petite production et les petites entreprises. »

VI

L'attitude des chefs d'industrie, qui se débattent au milieu d'exigences et de difficultés sans cesse accrues, est ce qu'il importe le plus d'étudier. Ils manient les choses, par conséquent

6.

leur témoignage a plus de poids que celui des théoriciens les mieux intentionnés.

Les chefs d'industrie n'ont pas procédé de même dans tous les pays.

En Angleterre, le patron ne fait rien; chacun pour soi et à chacun le soin de ses interêts personnels. Le patron paye l'ouvrier, puis il ne s'en occupe pas; à celui-ci d'organiser, comme il l'entend, sa vie et de préparer la sécurité de sa vieillesse. C'est à quoi pourvoient plus ou moins bien les puissantes associations *Trades-Unions* (1), dans lesquelles se répartissent les ouvriers. Parmi ces associations, il en est d'exécrables; il en est aussi de tout à fait dignes d'admiration : telle, par exemple, celle pour l'amélioration du sort des femmes, à laquelle une des plus généreuses et des plus intelligentes femmes d'Angleterre, lady Dilke, consacre les ardeurs d'une volonté intrépide.

Ces associations ont exercé une action puissante, en faveur de l'ouvrier. Partout où elles se forment, son sort s'améliore et son salaire augmente. Dans le Lancashire, les tisserands, hommes et femmes, forment une union; ils reçoivent le même prix pour le même ouvrage,

(1) Voir la belle étude de M. le Comte de Paris et la compléter par le livre de Mr Howell.

soit 24 francs par semaine; au contraire, dans l'industrie typographique, les hommes qui sont organisés reçoivent 85 centimes pour le travail payé seulement 55 centimes aux femmes qui restent isolées. Des hommes et des femmes d'un atelier de reliure demandent en même temps une réduction des heures de travail. Les hommes étaient syndiqués, ils l'obtiennent; les femmes ne l'étaient pas, elles ne sont pas écoutées. « Nous concédons aux hommes ce qu'ils demandent, répondent les patrons, non aux femmes, car celles-ci n'ont pas de fonds pour se soutenir. » Les *Trades-Unions* (1) ne sont pas même obligées de recourir toujours à la grève pour obtenir : la menace suffit.

Ce sont les mineurs qui ont fait produire les résultats les plus extraordinaires à la libre initiative. Ils ont fondé, en 1879, une association contre les accidents qui, en 1892, comprenait plus de 300,000 membres, et dont le revenu s'élève à plus de 6 millions de francs. Les patrons se sont intéressés à l'œuvre par des contributions volontaires qu'ils paraissent disposés à égaler à la moitié des cotisations ouvrières.

L'État intervient uniquement en vue de pro-

(1) *Les Syndicats professionnels pour ouvrières en Angleterre,* conférence par miss Florence Routledge.

téger l'hygiène et la sécurité publique quand les patrons, trop absorbés par leur intérêt individuel, ne s'en occupent point assez. C'est ainsi qu'en 1887 la sécurité des mines a été assurée par une réglementation très minutieuse. Indépendamment d'un corps d'inspecteurs, les ouvriers mineurs sont autorisés à charger deux délégués d'inspecter l'état de la mine ; droit dont, à ce qu'il paraît, ils n'usent pas dans la plupart des exploitations (1). Lorsque le bourgeois Chamberlain, imbu des idées allemandes, proposa d'étendre l'immixtion de l'État au delà de cette protection hygiénique, c'est l'ouvrier Burt, député des mineurs, qui le combattit par la raison que les questions de durée des heures de travail doivent être réglées de gré à gré entre patrons et ouvriers. Il rappela que dans le seul pays où la journée de huit heures soit généralement admise dans les mines, l'Australie, cette règle a été obtenue sans aucune intervention de la loi, par le libre accord des patrons et des ouvriers.

En Prusse, le patron a été dispensé de toute sollicitude ; l'État a pris sa place et a établi d'autorité, obligatoirement, la protection légale du travail, en instituant trois caisses distinctes :

(1) Ledoux, p. 16.

celles des accidents, des maladies et de la vieillesse.

Une loi d'assurances contre les maladies (15 juin 1883) impose un prélèvement de 3 à 4 1/2 du gain, supporté pour un tiers par le patron, et pour deux tiers par l'ouvrier.

Une loi d'assurances contre les accidents (6 juillet 1884) exonère le patron de toute action en responsabilité, pour les accidents survenus chez lui : c'est le Trésor qui paye les secours et pensions. Les sommes avancées ainsi par l'État, augmentées des tant pour cent pour les fonds de réserve, sont réclamées sous forme d'impôt, l'année suivante, contre chaque patron, proportionnellement au total des salaires payés par lui dans l'année et au coefficient de risque qui lui a été attribué.

Une loi d'assurance contre la vieillesse (22 juin 1889) crée des pensions d'invalidité, à l'aide de cotisations perçues par l'État et payées, moitié par l'ouvrier, moitié par le patron.

En France, les patrons n'ont pas été encore placés sous la tutelle de l'État, et ils n'ont pas voulu se renfermer dans l'abstention du patron anglais. Sentant qu'ils allaient être acculés à une défensive désespérée, ils ont spontanément accordé ce qu'on aurait pu leur arracher; et ils ont établi à leurs frais un ensemble d'institutions patronales, de nature à satisfaire toutes les exigences légitimes des ouvriers : écoles, églises, secours médicaux, caisses de retraite, économats où les ouvriers se procurent, au prix du gros, aliments sains, chauffage gratuit, etc.

Dans quelques usines, les ouvriers contribuaient par un certain prélèvement sur le salaire. Cela suffit pour qu'ils exigeassent d'être associés à la gestion du patronage. Etonnés de cette prétention, de considérer comme son bien ce qui n'était en grande partie qu'un don gratuit, les patrons ont d'abord résisté ; ils se sont enfin rendus presque partout.

Ils ont aidé les ouvriers à substituer aux économats des Sociétés Coopératives de consommation, administrées par eux et susceptibles de procurer quelque profit.

Ils ont consenti à ce que les caisses de retraite émancipées, passant entièrement aux mains des ouvriers, fussent entièrement conduites par ceux-ci. Ils ne se sont cependant pas soustraits à la plupart des charges auxquelles ils s'étaient astreints et ils ont continué à subvenir à l'insuffisance des caisses émancipées.

Cette évolution est achevée ou en train de s'achever. Partout, dans nos usines importantes, prévalent de plus en plus les idées si bien exprimées par l'ingénieur en chef de Blanzy : « Susciter l'initiative de l'ouvrier; faire son éducation économique; l'habituer à compter plus sur lui et moins sur le patron; lui apprendre à gérer ses propres affaires : voilà qui est préférable à cette espèce de tutelle sous laquelle on est porté, par pure bienveillance, d'ailleurs, à tenir l'ouvrier comme s'il était incapable de comprendre ses intérêts. Le patron ne doit pas hésiter à recourir à l'association, quand c'est possible. Avec ce système, il n'est plus responsable du bonheur de ses ouvriers. Ceux-ci, étant associés à ses efforts, partagent la responsabilité avec lui et en assument même la plus grande partie. » Cela n'empêche, d'ailleurs, pas le patron de s'intéresser autant qu'il le veut au bien-être matériel et moral de son personnel, et de faire tous les sacrifices qu'il juge à propos. Seulement, il donne mieux, ce qu'il donne est mieux apprécié, parce que, à ses propres efforts, à ses propres sacrifices, se joignent les efforts, les sacrifices des intéressés qui mettent en pratique ce vieux précepte : Aide-toi, le Ciel t'aidera! Bien des patrons sont hostiles aux associations ouvrières, parce qu'ils les redoutent; ils y voient des foyers qui entretiennent l'indiscipline, le mauvais esprit. A la rigueur, on comprendrait leur manière de voir s'ils pouvaient arrêter le mouvement d'association; mais ce courant est irrésistible. Il faut à l'ouvrier quelque chose pour le distraire, le changer de son travail habituel; il a une certaine somme d'activité intellectuelle à dépenser, il faut qu'il la dépense bien ou mal, et les associations fondées dans un but économique, social ou moral, ou même simplement établies pour procurer à leurs membres les distractions honnêtes, sont encore le meilleur aliment qu'on puisse offrir à cette activité: elles sont encore le meilleur dérivatif, la meilleure soupape de sûreté contre les passions populaires. Les associations bien dirigées contribuent, d'ailleurs, puissamment à consolider la paix sociale; car elles apprennent aux braves gens à se connaître, à s'apprécier; elles permettent de démasquer plus facilement les meneurs, les nullités tapageuses. »

Si l'on désire se rendre compte de la situation des patrons et des ouvriers dans des relations organisées suivant ces idées, il faut aller à Anzin et y suivre l'ouvrier, de sa naissance à sa mort.

Enfant, il va à l'école où on l'instruit gratuitement. Dès qu'il le peut, il descend dans la mine, à côté de son père, comme rouleur et freinteur; il apprend à manier le pic, à poser le bois. S'il est bon sujet, on l'admet à un cours technique professé par les ingénieurs de la Compagnie. A dix-huit ou dix-neuf ans, il est mineur, et le premier vêtement de travail avec lequel il descend dans le puits lui est donné par la Compagnie.

Il se marie; on le loge dans une petite maison entourée d'un jardin de 2 ares, au prix de 4 à 6 francs par mois, à peine le montant de l'impôt et de l'entretien; et, dès qu'il a réuni quelques économies, on lui accorde des avances, afin qu'il puisse bâtir une maison qui sera sa propriété. On le chauffe pour rien. On lui assure le moyen de se procurer des aliments sains et à bon marché. Le pain est-il trop cher? on lui distribue de la farine et du pain, afin de ramener à 0 fr. 40 le prix du kilogramme.

On l'occupe presque sans aucune interruption. Les prix baissent-ils? les débouchés se ferment-ils? une crise industrielle pèse-t-elle sur les bénéfices? on ne le renvoie pas, on abaisse à peine ses salaires, de telle sorte qu'il ne connaît pas le chômage et que, de 1867 à 1888, par exemple, malgré les crises de 1881 et de 1888, le taux moyen du salaire n'a oscillé que de

3 fr. 69 à 4 fr. 40, et il a pu s'élever à 5 francs.

Pendant son travail, il n'est aucune précaution dont on ne l'entoure pour le préserver des accidents. Tandis que, annuellement, en Prusse, on compte un ouvrier tué sur 295 employés; en Angleterre, 1 sur 458; il n'y en a, là, que 1 sur 1087.

Malgré toutes ces précautions, est-il blessé? on le soigne. Reste-t-il infirme? on lui donne une pension. La vieillesse arrive-t-elle? on lui sert une retraite. Meurt-il? sa famille reçoit un secours.

A l'origine, à Anzin comme ailleurs, ce patronage si ample et si généreux était exercé par le chef d'industrie lui-même : il était autoritaire, et à ses frais.

Obéissant aux idées nouvelles, la Compagnie a encouragé elle-même les ouvriers à remplacer ses économats par des Sociétés Coopératives de consommation. Elles fonctionnent et rapportent à chaque sociétaire un bénéfice annuel d'à peu près 110 francs.

En ce qui concerne les retraites, elle a fait bien plus encore. Elle a complètement délié l'ouvrier de toute dépendance à son égard. Les anciennes caisses de retraite, même celles à la gestion desquelles les ouvriers étaient associés, avaient l'inconvénient de priver de ses droits celui qui quittait la Compagnie avant l'âge réglementaire : ce qui rendait les ingénieurs hésitants à renvoyer, dès qu'il approchait de l'âge de la retraite, un homme réduit cependant à l'état de non-valeur.

On a suppléé à ce double inconvénient et imprimé une nouvelle excitation à l'esprit de prévoyance, par la création du livret individuel. La Compagnie fait sur les salaires une retenue de 1 1/2 pour cent, et, continuant sa générosité de patronage, elle ajoute une somme égale. Le tout est versé à la Caisse nationale de retraites, à capital aliéné et au profit exclusif du titulaire. Ainsi se constitue une pension viagère, payable à un certain âge et reversible pour moitié sur la tête de la femme. L'ouvrier quitte-t-il la Compagnie, il ne perd pas le bénéfice de ses sacrifices, il emporte son livret et reste maître de continuer son versement.

Indépendamment de cette participation au livret individuel, la Compagnie accorde une majoration aux longs services. Elle n'est sévère que pour ceux qui vivent en concubinage, auxquels elle refuse les avantages accordés aux ouvriers mariés, et envers ceux condamnés par la justice qu'elle exclut de ses travaux. De même autrefois, sous le régime de la corporation, il était interdit de donner de l'ouvrage aux débauchés, aux voleurs, aux meurtriers, aux bannis, aux gens de mauvaise réputation (1).

Il résulte de cet ensemble d'institutions que les ressources annuelles d'une famille de mineurs étaient, de 1,916 francs en 1888, de 2,107 en 1889. Si l'on apprécie en argent les avantages indirects, véritable participation aux bénéfices, il convient d'ajouter 250 francs par an et par famille, ce qui représente un budget annuel de 2,166 à 2,357 francs.

Combien plus dignes de commisération, les ouvriers isolés des villes, les petits employés, les bourgeois faméliques en quête d'un emploi, les malheureuses jeunes filles attelées du matin au soir à une machine à coudre meurtrière, toutes ces femmes dont M. Jules Simon a si éloquemment décrit les misères dans son livre *l'Ouvrière!*

Sait-on ce que, en sus des salaires, représente de dépenses pour la Compagnie toute cette assistance aux formes multiples? En 1888, 1,567,757 fr. 22, soit 47 pour cent de la somme attribuée comme dividende aux associés.

Sous des formes plus ou moins semblables,

(1) Fagniez, *Etudes sur l'Industrie*, p. 78.

on trouve, au Creuzot, sous la direction de l'éminent M. Schneider, à Montceau-les-Mines, sous l'inspiration d'hommes de bien et d'intelligence, tels que MM. Chagot et de Gournay, des institutions semblables à celles introduites à Anzin par l'initiave du duc d'Audiffret-Pasquier, de M. Guvinot, etc.

An Creuzot pour l'année 1888, les dépenses du patronage se sont élevés à 1,632,000 francs A Montceau-les-Mines, la somme employée a été de 1,118,794 fr. 89, soit 50 pour cent du dividende distribué. A Lieven, les subventions s'élèvent à 70 pour cent. Des sacrifices aussi considérables sont faits à Baccarat, à Saint-Gobain, par M. Mame à Tours, par les Compagnies de l'Ouest et de Lyon, par le Bon-Marché, etc.

Chaque jour apporte une nouvelle amélioration au système. Certains industriels, tels que MM. Menier, Decauville, diminuent le loyer de leurs maisons avec les années, au point de le rendre gratuit.

Est-il équitable d'accuser de tels hommes de manquer de cœur, de ne songer qu'à s'enrichir et de ne voir dans l'ouvrier qu'une machine à exploiter, un homme-outil?

La plupart des ouvriers, sauf dans quelques centres, se sont montrés dignes de la confiance qu'on leur a témoignée. Ils ont multiplié les associations, et presque partout ils les conduisent fort bien. Par un contraste dont devront se souvenir les futurs organisateurs du suffrage universel, les mêmes hommes qui, ayant à choisir un député, nomment sans discernement le premier démagogue ignoré qui les grise de déclamations, préfèrent toujours, dès qu'il s'agit de la sauvegarde de leurs intérêts, le camarade le plus sérieux, le plus probe, le plus digne vraiment d'être choisi ; à ce point que chaque fois que les administrateurs croient nécessaires d'être renseignés sur les dispositions des ouvriers ou de les instruire des leurs, c'est à ces élus du travail qu'ils s'adressent : et ils n'ont jamais eu à le regretter.

M. Cheysson, dans son remarquable rapport sur les institutions patronales, a très judicieusement décrit la transformation qui s'opère, il ne l'a peut-être pas aussi heureusement caractérisée. C'est, a-t-il dit, la substitution du patronage libéral au patronage patriarcal. « Patronage » et « libéral » sont deux mots qui se contredisent. Dès que le patronage n'est plus patriarcal, il n'est plus. Aussi, à mon avis, ce qui se produit est quelque chose de plus grave que la transformation du patronage, c'est sa destruction progressive. De plus en plus les associations autonomes se substitueront à son action et, d'un commun accord, on y renoncera. Les ouvriers préfèreront leur indépendance à une protection, même lucrative; les patrons seront enchantés de n'être plus contraints à immobiliser d'énormes capitaux dans des écoles, des cités ouvrières, etc. Et la continuation de leurs sacrifices, s'ils y consentent, sera une participation à leurs bénéfices volontairement accordée, et non plus un acte de patronage. « En présence de l'état moral de la classe ouvrière dans les deux pays, a dit l'ingénieur de Blanzy, on se demande si l'exploitant anglais n'a pas pris la meilleure solution. » M. Plichon, ingénieur attaché aux exploitations houillères du Pas-de-Calais, dit aussi : « S'occuper des besoins matériels et moraux de l'ouvrier, chercher à améliorer son bien-être, constitue un péril. »

Le patronat suppose l'ouvrier dépourvu de tout moyen d'action, ne pouvant ni se coaliser ni s'associer. Alors, force était que le patron avisât pour lui. Maintenant que l'ouvrier est armé suffisamment, qu'il a le droit de se coaliser et de s'associer, celui de veiller sur lui-même et d'organiser au mieux sa destinée, le patronage, correctif d'une subordination abolie, n'est plus une nécessité. Il a fait beaucoup de bien, et il continuera à en faire, dans la période encore longue peut-être de son agonie. Toutefois, aussi bien par la volonté d'indépendance toujours croissante de l'ouvrier, que par la lassitude du patron de plus en plus combattu, le patronat français s'affaiblira jusqu'à ce qu'il disparaisse totalement. A la fin, il n'y aura plus en présence que deux systèmes : celui de l'Angleterre, l'indépendance réciproque de l'ouvrier et du patron se rapprochant par le contrat, se limitant par la liberté d'association, se tempérant par une participation volontaire aux bénéfices, sous forme de primes et de subventions, et le socialisme d'État de la Prusse.

VII

Le choix ne saurait être douteux pour quiconque a le sentiment de la dignité humaine.

Le socialisme d'État n'est pas un progrès, c'est une rétrogradation ; il a maintes fois déjà été expérimenté et condamné par l'expérience. La plus célèbre de toutes est celle qui fut faite, en Angleterre, par la loi des pauvres d'Elisabeth. Elle établissait un tarif proportionnel, qui s'accroissait suivant que le travailleur était célibataire, ou marié, ou qu'il avait plus ou moins d'enfants ; de telle sorte que le laboureur ne fût plus payé proportionnellement à sa force ou à son habileté professionnelle, mais d'après le nombre d'enfants composant sa famille, sans qu'on eût égard à la somme de travail qu'il était capable de fournir. Ce système produisit des effets effrayants. L'oisiveté s'étendit dans tous les comtés ruraux : dans une foule de paroisses les fermiers ruinés renoncèrent à la culture. En 1830, dans les comtés de l'Ouest, des bandes de jeunes désœuvrés allaient de côté et d'autre, brisant les machines à battre le blé et mettant le feu aux meules de foin et de paille. L'édifice social paraissait sur le point de s'écrouler sous les efforts de la violence et de l'anarchie (1). L'abolition de la loi maudite, cause de tant de maux fut accueillie par un soupir universel de soulagement.

Les inconvénients accessoires du socialisme d'État sont déjà manifestes, en Prusse : d'abord, l'accroissement excessif des frais de gestion; tandis que, dans la caisse libre des ouvriers d'Anzin ils ont été de 1,9 pour cent, ils se sont élevés en Prusse jusqu'à 9,64, et parfois 186 pour cent.

(1) John Russell, Mémoires et Souvenirs, (traduction Bernard Derosne) p. 62.

Ensuite, les accidents se sont accrus dans des proportions inouïes. La moindre blessure est un prétexte à cesser le travail, et le traitement ne finit jamais; la simulation, que l'œil vigilant des co-intéressés ne surveille pas, devient l'habitude.

Les effets généraux n'ont pas été meilleurs. Un observateur très attentif du fonctionnement de ces lois en Allemagne, M. Grüner, l'a résumé ainsi : « Ces lois ont été acceptées assez volontiers par les patrons de la grande et de la moyenne industrie, qu'elles déchargent de toute responsabilité et de tout devoir envers leurs ouvriers, et qui ne voient pas quelle charge écrasante elles leur imposeront dans quelques années. Elles ont suscité des plaintes nombreuses et très vives, de la part des petits patrons et surtou des ouvriers qui les trouvent absolument insuffisantes. Elles sont d'ailleurs une déception pour eux, en Alsace et dans quelques régions de l'Allemagne du Sud, où les industriels avaient tenu à honneur de remplir leurs devoirs de patronat. De par la loi, ils donnent beaucoup moins à leurs ouvriers qu'ils ne leur donnaient auparavant. »

Le mécontentement des classes laborieuses, au lieu de diminuer, s'est accru. Dès que l'État s'offrait à eux comme une providence, ils en attendaient tout, et comme ce qu'ils en obtiennent est peu en comparaison de ce qu'ils en espéraient, ils murmurent; et la plaie sociale, loin de se guérir, s'est envenimée. Récemment, le congrès des socialistes (nov. 1892) a catégoriquement répudié ce socialisme d'Etat, inventé pour les amadouer : « Le congrès déclare que le socialisme n'a rien de commun avec le socialisme d'Etat. Ce prétendu socialisme d'Etat, en tant qu'il poursuit la monopolisation à son profit, veut se substituer au capital privé, afin de pouvoir imposer au prolétariat le double joug de l'exploitation économique et de l'esclavage politique. Le socialisme d'Etat, lorsqu'il s'occupe d'améliorer le sort du prolétariat, propose des demi-mesures nées de la peur du socialisme. C'est un palliatif afin de détourner les classes ouvrières du véritable socialisme. » Les mêmes résultats particuliers et généraux se produiront partout où s'installera le despotisme du socialisme d'État. D'autres non moins désastreux s'y ajouteront, qui n'ont pas eu encore le temps de se développer en Allemagne.

Le socialisme d'État n'est qu'un trompe-l'œil. Les personnes qui le préconisent en sont encore aux contes des *Mille et une Nuits,* dans lesquels le Commandeur des Croyants a, dans un coin de son palais, un trésor inépuisable amassé par on ne sait qui, et où il puise à pleines mains pour la joie de ses sujets. Nous ne savons que trop bien que le trésor de notre État se remplit par l'impôt. Or, quoi qu'on fasse dans l'impôt, la contribution du pauvre restera plus nombreuse que celle du riche. Il s'ensuit que c'est celui qu'on prétend soulager, qui paye le soulagement qu'on se targue de lui accorder. Il le paye doublement, car tout ce qui diminue le capital disponible, (et c'est un des effets de l'impôt), réduit la somme du travail et sa rétribution. De telle sorte que le socialisme d'État grève à la fois l'ouvrier, et par ce qu'il lui prend et par ce qu'il l'empêche de recevoir.

Un autre des côtés condamnables de ce socialisme et son châtiment, selon l'expression de M. Cheysson, est qu'il ne peut jamais s'arrêter en route, et que, forcément, son œuvre est toujours imparfaite. Tandis que les faits se modifient sans cesse, il reste pétrifié dans ses formules bureaucratiques, et, lorsqu'il se meut enfin, une nouvelle transformation opérée démode sa nouvelle loi; et ainsi il court sans cesse après les réalités, sans les atteindre jamais.

Son effet moral est plus défectueux encore que ses imperfections matérielles.

Il brise le grand ressort de la vie humaine, la responsabilité. C'est par là que les hommes se distinguent des animaux voués à la fatalité. Un homme vaut, en proportion de son aptitude à porter les graves responsabilités. Celui auquel on enlève le souci de lui-même est comme l'esclave d'Homère, qui a perdu la moitié de son âme.

Le socialisme d'État ne détruit pas seulement l'individu, il supprime le devoir familial et tue la famille qui ne subsiste que par ce lien. La veritable caisse de retraite du père vieilli, c'est la maison de son fils. Le père l'a élevé enfant; lui, à son tour, il le nourrira vieillard. Les choses se passent ainsi, parmi les populations rurales non encore corrompues. Il y a plus de philanthropie dans l'article 205 du Code : « Les enfants doivent des aliments à leurs pères et mères ou autres ascendants qui sont dans le besoin », que dans toutes les caisses de retraite patronales ou d'État.

Une caisse de retraite pour la vieillesse se conçoit, à titre d'expédient exceptionnel suppléant à l'absence ou à l'impuissance du fils : on ne saurait, sans tomber dans un abîme d'égoïsme, en faire une institution générale et de droit commun. La famille, déjà trop atteinte par la loi sur l'instruction obligatoire, serait achevée par le socialisme d'État. Le père serait réduit à n'être plus pours on fils qu'un fonctionnaire, en attendant qu'il devienne un étranger.

A défaut de la famille, les nombreuses Sociétés de Secours Mutuels, si on secondait leur développement, suffiraient à organiser l'assistance de la vieillesse. On obtiendrait ainsi les avantages de la fraternité sociale, sans les servitudes du socialisme d'État.

Repoussons donc ce socialisme, aussi résolument que celui des collectivistes. Le législateur n'a à intervenir à aucun titre dans les rapports du capital et du travail et dans le régime industriel, si ce n'est pour sauvegarder la décence et l'hygiène publique. Organiser en pareille matière, c'est désorganiser. Aux intéressés, associés entre eux ou soutenus par des associations humanitaires, de poursuivre et d'obtenir de leurs patrons la diminution des heures de travail s'ils la désirent, l'augmentation de leurs salaires, la participation aux bénéfices; à eux aussi, de se concerter pour avoir les secours dans la maladie et la retraite dans les vieux jours. L'État n'a à se mêler d'aucune de ces questions, et si, à la suite d'un dissentiment, à leur sujet entre les ouvriers et les patrons, un conflit éclate, son seul rôle est de maintenir égale la loi du combat, en protégeant l'ordre, en empêchant ou en punissant les violences et les menaces.

Le socialisme d'État est, comme le collectivisme, habile à s'insinuer. De même que le collectivisme s'abrite pour mieux se pousser derrière la règlementation légale des heures de travail, le socialisme d'État, afin de ne pas être aperçu dans son envahissement, se cache derrière des corporations obligatoires ou libres auxquelles serait attribué le pouvoir légal de réglementer dans chaque profession la journée normale du travail, le minimum du salaire, les conditions de l'apprentissage. Ne nous laissons pas rassurer par de pieux stratagèmes. De quelque manière qu'on s'y prenne, règlementer en matière de travail, c'est opprimer, par conséquent c'est faire du socialisme d'État. Qu'importe que l'oppression, au lieu d'être exercée par un ministre, le soit par le syndic d'une corporation! Celle du ministre serait certainement moins dure.

Le système de la liberté réciproque (1), est

(1) Jusque dans ces derniers temps on pouvait appeler ce système, le système anglais. Mais voilà que la libre Angleterre, en règlementant les heures de travail dans les usines commence à s'enfoncer dans les sottises et les calamités du socialisme d'État.

le véritable régime des rapports entre le capital et le travail. C'est celui qui élève et pacifie, qui rend les individus vaillants et les nations grandes.

Le socialisme d'État ne se comprendrait que si l'initiative privée était absolument paralysée et impuissante. Alors l'État, comme ressource extrême, serait autorisé à intervenir. Or le contraire a lieu dans la plupart des sociétés contemporaines et particulièrement dans la nôtre, malgré les entraves de la législation.

La véritable calamité de la vie ouvrière n'est pas l'exès de travail, mais son manque, le chômage et non le surmenage. Les ouvriers qui s'agitent afin de travailler le moins possible méritent peu d'intérêt. Quelle compassion n'inspirent pas au contraire les hommes valides, pères de famille, sollicitant en vain un emploi de leur activité, qu'ils n'obtiennent pas! De tous les côtés, il y a émulation de zèle à atténuer cette fatalité. Un digne fils de Saint-François, le P. Ludovic de Besse, essaye de substituer la coopération chrétienne à la coopération démocratique et de placer dans les banques populaires le prêtre, à côté du banquier. Un ancien député, doué des grâces de la bonté, M. Lefébure, assisté d'un orateur et d'un écrivain de premier ordre, M. Etienne Lamy, constitue à la fois un office central des institutions charitables et l'assistance par le travail. La Société d'économie sociale fondée par mon illustre ami Le Play, qui compte dans ses membres des esprits supérieurs tels que MM. Delair, Claudio Jannet, A. Leroy-Beaulieu, Cheysson, Georges Picot, Du Maroussem, multiplie les études, les enquêtes, les projets. A Marseille, un écrivain et un sociologue de haute valeur, M. Eugène Rostand, sans se laisser décourager par la résistance de la routine, tente d'associer la création du crédit populaire urbain et rural et l'assainissement de l'habitation ouvrière à la réforme des caisses d'épargne. Il essaye d'acclimater l'idée, déja admise en Italie, en Suisse, en Allemagne, qu'il y aurait aux ressources des caisses d'épargne un emploi plus fructueux que l'engloutissement dans la Dette consolidée ou flottante des Etats. Avec le concours d'un auxiliaire très intelligent, M. Louis Brière, il a résolument engagé dans la voie nouvelle la caisse d'épargne de Marseille, dont il est le président (1). Cette énumération des

(1) Il a obtenu l'autorisation d'employer 160,000 francs, faisant partie de son fonds de dotation, à la construction d'immeubles salubres et économiques, destinés à l'habitation de familles ouvrières, et cessibles moyennant libération par annuités (Décret du 13 août 1888); 20,000 francs en avances à toute société qui viendrait se consti-

œuvres d'amélioration populaire pourrait être continuée longtemps encore.

Rien n'est plus inexact que de représenter le travailleur comme un serf à la merci du capital. Depuis la loi des coalitions et celle des syndicats professionnels, l'ouvrier fait la loi au patron autant qu'il la reçoit de lui. On traite presque de puissance à puissance, dans l'usine. En dehors, l'ouvrier a certainement l'avantage. Orateurs et journalistes, députés et candidats, s'empressent à soutenir ses doléances, à défendre même ses violences; le patron, au contraire, est conspué, caricaturé, parfois menacé, et à peine quelque vaillant se risque-t-il à pousser un soupir en sa faveur.

Certainement, dans l'existence de l'ouvrier le plus favorisé il y a bien des duretés. Qui ne voudrait les adoucir? Est-ce que, par contraste, l'existence du patron est toute de béatitude? L'ouvrier travaille un certain nombre d'heures, mais rentré le soir chez lui, s'il ne va pas se griser, il dort en paix. Le patron a travaillé

tuer en vue de la construction d'habitations ouvrières; 70,000 francs en prêts hypothécaires consentis à des ouvriers laborieux, désireux de construire eux-mêmes leurs maisons. (Décret du 4 février 1889.) Voy. sur cette tentative de réforme le livre récent de M. Eugène Rostand : *L'action sociale par l'initiative privée.*

aussi toute la journée et il ne connaît pas toujours le délassement d'un sommeil paisible, tant sont multiples et écrasantes les responsabilités, les sollicitudes, parfois les angoisses dont il est accablé. Elle représente une autre sueur que la sienne, la pièce d'argent que reçoit l'ouvrier!

Rien de plus faux que de présenter la situation de l'ouvrier comme ayant été meilleure dans l'ancien régime que sous le régime de la liberté contractuelle, inauguré en 89 (1). Depuis ce temps, les capitaux n'ont cessé de s'accroître, ce qui entraînait une demande plus active de main-d'œuvre. En même temps, la rémunération de ce capital diminuait, sans qu'il en résultât une baisse correspondante du salaire. En 1791, le charpentier gagnait 2 fr. 50; il reçoit aujourd'hui 8 francs. J'ai vu dans le midi le salaire du travailleur agricole de 1 franc à 1 fr. 50, il est aujourd'hui à 2 fr. 50, avec tendance à s'élever à 3 francs. Partout le revenu moyen des familles de la classe ouvrière s'est accru, et cet excédent de ressources est loin d'avoir été absorbé par la hausse des prix, parce que beaucoup d'objets d'usage commun ont baissé malgré une augmentation très considérable de toutes les

(1) Fagniez, *Etudes sur l'Industrie,* p. 87.

consommations populaires (1). Dans les campagnes, la terre, de plus en plus, passe de la main du bourgeois qui n'y trouve plus de profit, dans celle du paysan qui en fait le plus lucratif des placements. Le jeu naturel de la loi économique, aidé par la bonne volonte générale, transforme, améliore le monde industriel, élève la condition du travailleur, sa dignité, son bien-être, et opère la seule révolution sociale désirable et possible. Au delà, il n'y a place que pour les catastrophes. Aucune société n'a moins mérité l'humiliation du socialisme d'Etat.

Néanmoins, il est probable qu'elle la subira. Le socialisme d'Etat est favorisé par l'argument sans réplique chez nous en ce moment, l'exemple de la Prusse. C'est par là que nous est venue la nation armée, ce retour néfaste à la barbarie. Sous le nom de Louis Blanc et de Cabet, le collectivisme avait échoué; depuis qu'il se recommande du nom prussien de Karl Marx, il fait fureur. La philanthropie révolutionnaire avait été honnie, lorsqu'elle fut professée par François Huet (2); depuis qu'elle a été recommandée

(1) Claudio Jannet, *La Spéculation et la Finance*, p. 21. — Cet excellent livre est à étudier avec le plus grand soin. Il contient d'utiles informations et des idées élevées et saines présentées avec une élégante clarté.

(2) *Le Règne social du Christianisme.*

par un évêque prussien, Mgr Ketteler, elle est reçue avec vénération. Tant que le socialisme d'Etat a été une conception purement française de Dupont-White (1) et de quelques néo-jacobins, on n'y a pas même pris garde; depuis qu'il a obtenu les faveurs de M. de Bismarck, c'est à qui s'y précipitera.

O liberté! ceux qui te restent fidèles, de moins en moins nombreux, seront bientôt réduits à dire comme Dante : « Nous sommes ceux qui allons cherchant la liberté, qui est si chère. » Lamentations stériles! rien n'arrêtera le courant : trop de gens, socialistes, jacobins, philanthropes; sont attelés à la poussée despotique pour qu'elle ne prévale pas. Par la complaisance des classes élevées aussi bien que par la volonté des masses, nous arriverons au socialisme d'Etat. L'obligatoire dont nous sommes déja excédés gagnera encore. A l'obligatoire militaire, pédagogique, se joindra l'obligatoire professionnel, intellectuel, médical, et, qui sait? culinaire et somptuaire. Nous aurons la corporation obligatoire, la charité obligatoire, l'athéisme ou la religion obligatoire. On ne s'arrête pas en si bon chemin. Ceux qui se désolent de ne pas être encore assez gouvernés, seront

(1) *L'Individu et l'État.*

exaucés. De plus en plus l'Etat, — et Dieu sait quelles inepties seront incluses en ce mot, — l'Etat pensera, agira, voudra, prévoiera pour nous, et, troupeau abêti, nous n'aurons qu'à baisser la tête et à payer l'impôt. Bienheureux ceux qui ne verront pas de tels jours!

Il se peut même que notre société descende plus bas et qu'elle savoure les douceurs du collectivisme. L'événement peut être tout simplement amené par l'affaissement et la désertion des classes élevées, dont on n'aperçoit que trop de signes. Elles en arrivent plus ou moins au socialisme d'Etat. De là au collectivisme, il y a moins de distance que de la liberté au socialisme d'Etat. Il n'est pas non plus absolument impossible que, de même que les collectivistes du XIVe siècle, les Ciompi, brûlèrent une portion de Florence, ceux du XIXe siècle ne se passent la même fantaisie sur Paris, et qu'ils n'établissent ensuite leur domination sur des ruines fumantes.

Macaulay, dans une lettre célèbre à un Américain (23 mars 1857), a prédit des catastrophes de ce genre, et plus terribles encore, aux démocraties modernes. « Je ne puis m'empêcher a-t-il dit, de prévoir ce qu'il y a de pire. Un jour viendra, dans l'Etat de New-York, où la multitude, entre une moitié de déjeuner et la perspective d'une moitié de dîner, nommera les législateurs. Est-il possible de concevoir un doute sur le genre de législateurs qui sera nommé? — D'un côté, vous aurez un homme d'Etat prêchant la patience, le respect des droits acquis, l'observation de la foi publique; — d'un autre côté, un démagogue déclamant contre la tyrannie des capitalistes et des usuriers, et demandant pourquoi les uns boivent du vin de Champagne et se promènent en voiture, tandis que tant d'honnêtes gens manquent du nécessaire. Lequel de ces candidats, pensez-vous, aura la préférence de l'ouvrier qui vient d'entendre ses enfants lui demander du pain? — J'en ai bien peur, vous ferez alors de ces choses après lesquelles la prospérité ne peut plus renaître. Alors, ou quelque César ou quelque Napoléon prendra d'une main puissante les rênes du gouvernement, ou votre république sera aussi affreusement pillée et ravagée au XXe siècle que l'a été l'empire romain par les barbares du Ve siècle, avec cette différence que les dévasteurs de l'Empire romain, les Huns et les Vandales, venaient du dehors, tandis que les barbares seront les enfants de votre pays et l'œuvre de vos institutions. »

Convaincu des réserves inépuisables de bon sens et de courage de notre cher pays, je veux croire que la domination possible des collectivistes ne serait que d'un jour, et que ceux qui les auraient vus s'installant le matin, ne les retrouveraient plus le soir.

Collectivistes, anarchistes, auront beau entasser les sophismes et les crimes, ils ne viendront pas à bout de l'inéluctable loi de la nature qui a établi l'inégalité des aptitudes et, par suite, la hiérarchie comme la condition primordiale de toute existence sociale.

En 1869, lorsque Gambetta lança son fameux programme de Belleville : l'égalité *sociale* dans la loi, dans les *faits,* dans les mœurs, la suppression du budget des cultes et la séparation de l'Eglise et de l'Etat, la nomination de tous les fonctionnaires publics à l'élection, la suppression des armées permanentes, la modification de notre système d'impôt, ce fut un cri d'admiration dans le parti républicain ; et, du coup, son compétiteur, le sensé Carnot II, fut distancé. Je venais de lire ce monument de déraison, lorsque je rencontrai Gambetta dont jusque-là j'avais beaucoup encouragé les débuts. Je lui exprimai mon étonnement et ma tristesse. Il tint bon. « Je vous suppose arrivé au pouvoir, lui répliquai-je, je vous affirme que si vous ne voulez pas être renversé en cinq minutes, vous n'établirez pas en fait l'égalité sociale, vous ne détruirez ni les armées permanentes ni le budget des cultes, et vous ne ferez pas nommer vos fonctionnaires à l'élection. » Ai-je été bon prophète?

Du reste, il n'y avait nul mérite à l'être. Dans tous les temps, le même phénomène s'est renouvelé. Après que les Ciompi se furent emparés du palais de la Seigneurie, ils choisirent pour chef un des leurs, Michel Lando, ouvrier tout débraillé qui s'était signalé par sa violence. A peine installé depuis huit jours, le démagogue était devenu un parfait conservateur, au point de lancer les compagnies des arts et métiers sur ses anciens camarades et de les réduire à l'obéissance par la force. Après la révolution de 1494, il en fut de même. Le peuple, irrité de l'assagissement inévitable de ses nouveaux chefs, avait beau les renverser, le violent de la veille devenait toujours le modéré du lendemain. De là était né ce proverbe : « Avoir une âme de palais et une âme de place », ce que Mirabeau a traduit librement ainsi : « Un jacobin ministre ne serait pas un ministre jacobin. »

Les collectivistes, s'ils devenaient les maîtres

du pouvoir, n'échapperaient pas à la loi commune. Pour arriver, ils déchaîneraient certainement des calamités devant lesquelles l'imagination recule épouvantée. Toutefois, après leur installation, ils ne tarderaient pas à devenir réactionnaires et à désavouer leurs doctrines d'opposition par leurs actes de gouvernement, avec la désinvolture cynique dont on leur donne tant d'exemples. Eux aussi, ils changeraient leur âme de place contre une âme de palais. Ils châtieraient leurs soldats de la veille, obstinés à l'ancien programme. Ils ne supprimeraient pas la propriété, ne mettraient pas en commun le sol et les usines. En réalité, ils visent le propriétaire plus que la propriété, ils veulent simplement avoir leur tour. Dès que, selon la tradition jacobine, ils se seraient gorgés, ils feraient éditer en beau texte, par leur imprimerie nationale, une *Défense de la Propriété*, et si, par miracle, ces pages tombaient sous les yeux de l'un de leurs érudits, il y trouverait du bon et peut-être, sans les citer, en copierait-il des fragments.

DE LA PRESSE

DE LA PRESSE

Lorsqu'on se reporte aux interminables discussions qui, depuis bientôt un siècle, se reproduisent au sujet de la presse, on se sent pris d'un sentiment de fatigue et de découragement. Il n'est pas un publiciste ou un homme d'État qui dans l'opposition ne l'ait défendue ou célébrée, et qui, parvenu au pouvoir, sous prétexte de la protéger contre elle-même, ne l'ait contenue, gênée, paralysée. On dirait vraiment qu'au lieu de nous avancer d'un pas plus ou moins rapide sur une ligne droite, nous ne sachions que tourner dans un cercle fermé, toujours le même.

Les défaillances individuelles, ou même cette loi fatale qui plie tous les détenteurs du pouvoir aux maximes traditionnelles de la sagesse d'État, n'expliquent pas suffisamment ce phénomène politique. Il est une autre cause de cette contradiction persistante, sous la république comme sous la monarchie et dans les esprits les plus divers. Elle tient à une erreur doctrinale, acceptée sans discussion. Aussi, quoi qu'on essaye pour la détruire, elle se renouvellera tant qu'on n'aura pas abandonné l'idée fausse de laquelle elle découle inévitablement. Il en est de l'erreur comme de ces arbres obstinés à vivre, qui, malgré la taille de leurs branches et de leur tronc, renaissent avec une invincible force jusqu'à ce qu'on soit allé dans les profondeurs du sol extirper leur racine vivace. L'erreur ici était difficile à atteindre, parce qu'elle était née en même temps que la notion même du droit de la presse. Le maître suprême de la matière, celui qui a, dès le début, entrevu les idées principales sur lesquelles on a vécu depuis et formulé la plupart des raisonnements qu'on n'a cessé de reproduire, Benjamin Constant, en même temps qu'il donnait les raisons fondamentales de la liberté de la presse, proposait la restriction malheureuse qui a longtemps paralysé cette liberté et l'a réduite à l'instabilité d'une existence presque toujours asservie.

Les raisons par lesquelles Benjamin Constant établit la liberté de la presse sont aussi élevées que décisives. Il la rattache à la notion même de la liberté, telle que les sociétés modernes la comprennent. Dans les sociétés antiques, la liberté se réduisait à participer, dans une mesure quelconque, à la constitution du pouvoir social. Un peuple était réputé libre, dès qu'il intervenait dans la création et dans le fonctionnement de son gouvernement. C'est dans ce sens qu'on doit entendre la parole de Cicéron, à la fin d'une de ses « Philippiques » : *Libertas, quæ res est populi Romani*. Dans les sociétés modernes, la notion de la liberté s'est élargie. Un peuple n'est pas considéré comme libre, par cela seul qu'il intervient dans la création et dans le fonctionnement du pouvoir social ; il ne l'est vraiment que si chaque citoyen conserve un certain nombre de droits placés au-dessus des caprices des majorités et qui constituent le patrimoine inviolable de l'individu. Parmi ces droits primordiaux, le premier est la liberté de conscience ; le second, la liberté d'opinion ; non pas la liberté platonique d'avoir une opinion dans son esprit et pour soi tout seul, mais la liberté effective de la manifester, de la propager, de l'enseigner ; car, sans cette possibilité, la liberté ne serait qu'une abstraction métaphysique. « Le silence, a dit Pascal, est aussi une persécution. »

Après avoir reconnu le fondement rationnel de la liberté de la presse, Benjamin Constant en a fait ressortir la nécessité pratique en démontrant combien il serait contradictoire d'appeler un peuple à se prononcer sur ses affaires, de l'investir du pouvoir de résoudre par le choix de ses mandataires les difficultés si diverses de la politique, et, en même temps, de le tenir dans l'ignorance des faits ou des théories qui peuvent influencer ses décisions, éclairer ses jugements et devenir le motif déterminant des verdicts que les institutions libres sollicitent à tout instant de son intelligence et de sa volonté? Ne serait-ce pas aussi insensé que de se lancer dans une région inconnue, avec un guide auquel on aurait préalablement crevé les yeux?

Benjamin Constant a tiré de cés prémisses une juste conséquence en repoussant tous les obstacles préventifs à la libre manifestation des idées, — qu'elles s'expriment dans un livre, dans une revue, dans un journal, — et il a rejeté les cautionnements prohibitifs aussi bien que la censure et l'autorisation préalable.

A cette première déduction, que n'en a-t-il ajouté une seconde, que n'a-t-il reconnu que l'opinion une fois exprimée échappe à toute répression! La théorie de la liberté de la presse eût été terminée pour toujours. Le profond publiciste manqua de ce courage d'esprit. Espérant désarmer ou affaiblir les adversaires de la liberté de la presse, il leur concéda qu'on pourrait choisir entre les opinions, interdire les unes et tolérer les autres, et que, dans la manière d'exprimer celles qu'on tolérerait, il y aurait lieu de distinguer entre la simple discussion, l'attaque ou l'outrage, et de permettre l'une et de punir l'autre.

Cette concession était destructive du principe même de la liberté de la presse. La loi pénale ne peut pas être amenée à un tel degré d'exactitude, que tout acte d'appréciation du juge devienne inutile. Malgré le soin minutieux que les esprits juridiques pourront apporter à la définition des délits, il y restera toujours une généralité qui permettra la latitude abusive de l'interprétation, et c'est pourquoi un sage système de magistrature est ce qui importe le plus à la sécurité du citoyen. Si l'on ne peut demander au législateur de tomber dans une chinoiserie ridicule en essayant de spécialiser chaque cas de culpabilité, on a le droit d'exiger qu'il ne laisse pas à ses prescriptions un caractère vague qui en ferait une dispensation de l'arbitraire. Le système de l'ancien régime, qui remettait la peine au bon plaisir du juge (1), ne saurait renaître sous aucun déguisement. Or la nature des délits d'opinion est d'échapper à toute définition même générale et de conserver, quoi qu'on fasse, ce vague menaçant qui rend le juge maître de la pénalité. Comment déterminer, par exemple, le point où la discussion se convertit en une excitation à la haine et au mépris? A quels signes distinguer la liberté philosophique d'examen de l'outrage à la morale religieuse? Par quelles formules séparer l'invective de la véhémence oratoire? Où placer la frontière entre cette belle vertu de la modération et la fadeur de ces manières languissantes qui, au dire de Rancé, ne persuadent pas?

Un esprit aussi perspicace que Benjamin Constant ne pouvait se plier sans inquiétude à cette création de délits arbitraires, contraires aux principes essentiels du droit pénal. Il chercha aussitôt le palliatif, et crut l'avoir trouvé dans le jury. Il dit : « Je consens aux délits arbitraires qui échappent aux définitions scientifiques, à la condition toutefois que le jury seul

(1) Loysel, *Institutions cout.* livre VI, titre II, règle 2. Muyart de Vouglans, v. II, ch. II, § 7 et 8.

en décidera. Dès lors tout danger cessera ; le mal de la spécification vague du délit sera corrigé par la nature du juge auquel il sera soumis. Le juge est indépendant ; il sort du pays et il y rentre ; peu importe que l'indéterminé du délit soit une menace, le caractère du juge est une protection ; la liberté est sauve. »

Le résultat fut autre que ne l'avait prévu Benjamin Constant. Dans les temps anciens, lorsqu'on donnait la torture, à côté du bourreau se tenait le médecin. Il suivait avec attention les effets de la douleur, il étudiait les désordres qu'elle occasionnait dans le corps du patient, si la mort devenait imminente il intervenait, et le bourreau s'arrêtait jusqu'à ce que le malheureux eût retrouvé la force de souffrir encore. En tenant compte de quelque exagération dans ce rapprochement, le jury a joué dans la législation de la presse le rôle réservé au médecin dans la torture. Il a permis d'édicter des dispositions oppressives que, sans la prétendue garantie qu'il offrait, on n'eût même pas osé proposer.

Après Benjamin Constant, Royer-Collard est l'homme qui a marqué de la plus vigoureuse empreinte les idées publiques sur la presse. Artiste supérieur, en cette matière comme en toute autre, il a su trouver pour sa pensée des formes admirables. Il avait été d'abord l'ennemi de la liberté et de la presse, et, en 1814, il avait défendu la censure. Dans l'opposition, il s'était réconcilié avec les journaux. Etant peu inventif, il adopta la théorie de Benjamin Constant; il ne se contenta pas de la rendre sienne, il lui fit produire des conséquences nouvelles. « Puisqu'on a pu introduire des délits spéciaux et une juridiction spéciale, dit-il, pourquoi n'imposerait-on pas aux journaux l'obligation de verser un cautionnement? » Raynouard, en 1814, Chateaubriand, en 1816, avaient déjà fait cette proposition. Royer-Collard l'éleva à la hauteur d'un axiome dogmatique : « Un journal est une influence, et peut-être la plus puissante. L'influence politique appelle une garantie : la garantie politique ne se rencontre, selon les principes de notre charte, que dans une certaine situation sociale; cette situation est déterminée par la propriété ou par ses équivalents. Voilà le principe du cautionnement, principe qui lui donne une base bien plus large et plus solide que la garantie des condamnations judiciaires (1). » Alors Benjamin Constant protesta, invoqua le droit commun et les principes de

(1) Discours du 4 mai 1819.

89. Mais, comme il s'en était écarté lui-même en admettant l'arbitraire dans le délit, Royer-Collard l'emporta; et le cautionnement et les garanties spéciales vinrent s'inscrire, dans la législation, à côté des délits spéciaux et de la législation spéciale.

Puis survinrent les Villèle, les Sauzet, les Martin (du Nord) qui, reprenant contre Royer-Collard les raisonnements dont celui-ci s'était servi contre Benjamin Constant, dirent : « Puisqu'on a pu introduire des délits spéciaux, une juridiction spéciale, des garanties spéciales, pourquoi ne pas aller plus loin? Pourquoi, quand l'intérêt social l'exige, ne pas déférer à des juges les attributions confiées au jury? » A son tour, Royer-Collard protesta, invoqua le droit commun et les principes de 89. Mais, comme il s'en était écarté lui-même en proposant une garantie préventive, il ne fut pas plus heureux contre les autres que Benjamin Constant ne l'avait été contre lui : à côté des délits spéciaux, de la juridiction spéciale, des garanties spéciales, vint s'inscrire dans la loi la juridiction exceptionnelle de la Chambre des Pairs.

Puis survinrent enfin les Persigny et les Rouher, qui, reprenant la logique de leurs devanciers, dirent : « Puisqu'on a pu introduire des délits spéciaux, une législation spéciale, des garanties spéciales, des juges d'exception, pourquoi ne ferait-on pas un pas de plus? Pourquoi ne confierait-on pas au pouvoir politique lui-même le maniement de cette discipline de la presse, qui dans tous les temps a été considérée comme un intérêt d'État? » Et alors les disciples des Villèle, des Sauzet et des Martin (du Nord) dirent contre le décret de 1852 ce que Benjamin Constant avait objecté à Royer-Collard, ce que Royer-Collard avait objecté à Villèle et à Sauzet : ils invoquèrent les règles du droit commun et les principes de 89. Mais comme eux aussi s'en étaient écartés en créant des juridictions exceptionnelles, ils succombèrent; et le pouvoir discrétionnaire d'autorisation, d'avertissement et de suppression vint compléter la série qu'avaient inaugurée les délits spéciaux et la législation spéciale.

Arrivés à ce dernier point, comme si nous étions éternellement condamnés à ourdir une toile qui se défait sans cesse, nous avons recommencé en sens inverse le travail qui s'était opéré, de 1815 à 1852, et nous nous sommes mis à remonter l'échelle que nous avions descendue. Du pouvoir discrétionnaire, nous sommes revenus par des transitions successives au jury. Si nous n'étions pas allés au-delà, nous n'aurions rien fait de durable; après avoir monté nous serions redescendus, et, après avoir descendu nous serions remontés, et nous serions allés et venus sans trêve dans une agitation stérile. Pour en finir à jamais, il fallait s'attaquer à l'erreur primordiale de Benjamin Constant, l'écarter résolument et dire : « Il n'y a pas, il ne peut pas y avoir de délit de presse, parce qu'il n'y a pas et qu'il ne peut pas y avoir de délit d'opinion. » C'est ce que j'ai fait, pendant les années de mon activité législative.

Ma thèse a été celle-ci :

De quelque manière qu'elle se produise, convenable ou inconvenante, modérée ou passionnée, outrageante ou mesurée, une opinion est inviolable. Ce qui est matériel n'a pas de prise contre ce qui est immatériel. A un acte on oppose un acte. A une opinion on n'oppose qu'une opinion. L'acte, on le punit ou on le récompense, on l'empêche ou on le permet; l'opinion, on l'écoute, on l'approuve ou on la réfute. Certainement Louis XIV a pu, en vertu de son autorité despotique, détruire Port-Royal, semer du sel sur ses ruines, jeter au vent les cendres des morts; qu'a-t-il obtenu contre les *Provin-*

ciales? Ce chef-d'œuvre, du haut de sa beauté éternelle, n'a-t-il pas raillé l'impuissance de la toute-puissance du grand roi?

Jusqu'en 1789, on avait à l'égard des livres les préjugés que certains esprits conservent à l'égard des journaux. Il était interdit de les publier sans autorisation, et, quand ils déplaisaient, on les faisait brûler par la main du bourreau sur la place du Palais. Pourquoi a-t-on renoncé à cette législation? De Serre l'a très bien expliqué en 1819, par deux raisons. La première est tirée de la nature même de l'imprimerie; elle n'est qu'un instrument d'action. De même que la découverte de la poudre a fourni aux hommes de nouveaux moyens de commettre le meurtre, sans créer pour cela un crime nouveau à inscrire dans le droit pénal; ainsi l'invention de l'imprimerie a fourni un nouveau moyen de consommer les crimes ou délits déjà connus, sans créer néanmoins des crimes et des délits nouveaux. On peut assassiner de bien des manières; on peut étrangler, on peut noyer, on peut empoisonner, on peut fusiller, on peut poignarder, on peut dynamiter; et cependant on n'a pas établi le crime de strangulation, de noyade, d'empoisonnement, de fusillade, de poignard, de dynamitage; il n'y a que le crime d'assassinat, quel que soit le procédé à l'aide duquel il a été commis. De même, on peut se rendre coupable des crimes ou des délits de sédition, d'injure, de diffamation, par la parole, par l'écriture, par l'imprimerie, et toutefois il n'en résulte pas qu'il y ait des crimes et des délits de parole, d'écriture ou d'impression; il n'y a que les crimes ordinaires de sédition, d'injure et de diffamation, quel que soit le mode matériel qu'on ait employé pour les accomplir. La seconde raison est tirée de l'impuissance où étaient tenues les sentences des parlements. Les livres renaissaient de leurs cendres; plus on les brûlait, plus on les lisait.

Y a-t-il une seule des considérations qui, en 1819, déterminèrent à accorder la pleine liberté aux livres qui ne milite en faveur des journaux? Beaucoup de sages esprits ne le pensent pas.

Le journal, disent-ils, est bien plus dangereux que le livre. Le livre ne s'adresse qu'au petit nombre, il ne sort pas de la main instruite de quelques-uns; le journal pénètre partout, son action est rapide, instantanée, irrésistible. Le livre n'exprime qu'une opinion individuelle dont chacun peut peser le poids, adopter ou rejeter.

10.

Il y a plus, dans le journal ; c'est un véritable pouvoir d'État, exercé sans délégation de personne et sans responsabilité. Pour être député, il faut être l'élu des électeurs ; le journaliste s'investit lui-même de son ministère redoutable. Une fois nommé, le député ne parle que pendant quelques mois de session, dans des formes déterminées ; le journaliste tranche sur toute chose, chaque jour de l'année, sans autre règle que son caprice. Les livres ont certainement produit du mal, mais les journaux sont les véritables artisans des bouleversements périodiques dans lesquels notre pays s'épuise. Les gouvernements forts et résolus ne les ont pas tolérés ; et quand, devenus faibles, ils les ont subis, ils ont succombé.

Aucune de ces propositions ne me paraît démontrée.

Sans doute, il y a entre le livre et le journal des différences notables, cependant, tout bien pesé, le livre me paraît plus redoutable que le journal. Le journal, il est vrai, a une action plus instantanée, plus rapide, mais aussi moins profonde et moins durable. Les mouvements qui ont changé la forme des États ont été produits surtout par les livres. Quel journal a ébranlé les esprits autant que les *Epistolæ obs-*

curum virorum d'Ulrich de Hutten, ou que l'*Eloge de la Folie* d'Erasme, qui jadis ont remué toute l'Allemagne? que la *Satire Ménippée* qui a valu, pour Henri IV, une bataille d'Arques? Quel journal a exercé une aussi puissante action que le *Contrat social* de J.-J. Rousseau ou l'*Esprit des Lois* de Montesquieu? De notre temps, quel journal a remué l'opinion et déterminé des actes, autant que l'ont fait Lamartine par son *Histoire des Girondins*, et Thiers par son *Histoire du Consulat et de l'Empire?* Ce que dit le journal s'efface, aussi vite que les caractères tracés sur le sable par un doigt d'enfant; les paroles du livre sont aussi durables que les sentences lapidaires, gravées sur le marbre ou sur l'airain par un ciseau d'artiste.

La presse n'est pas un pouvoir d'État; elle est beaucoup plus et beaucoup moins. Dans tous pays, il existe des courants multiples, permanents ou variables d'idées, d'actions, de luttes, de discussions, de polémique, de critique, d'approbation, de désirs, d'espérances, de haines, de sentiments divers qu'on appelle l'opinion publique. Ces courants ont leur représentation régulière et légale, le Parlement; leur représentation irrégulière et libre, les journaux. Au Parlement de décider, aux journaux de discuter. Ceux qui exercent ces deux fonctions ont reçu également une délégation des citoyens, quoique d'une manière différente. La délégation faite au député est directe et formelle, celle donnée au journaliste est indirecte sans être moins formelle; et tandis que la première est pour un certain nombre de mois ou d'années et ne s'exerce pendant cette durée que d'une manière intermittente et selon une procédure obligatoire, la seconde peut être retirée à tout instant; mais tant qu'elle dure, elle s'exerce sans interruption et n'est gênée par aucune règle impérative. L'erreur de ceux qui ne voient dans les journalistes que des individualités sans mandat est de croire que, pour devenir journaliste, il suffit de le vouloir et de réunir autour de soi quelques capitalistes et quelques écrivains; il est non moins indispensable que le public donne son assentiment, et qu'il accepte, en devenant lecteur et soutien du journal, le mandataire qui s'offre à lui : sinon, l'entreprise échoue. Les journalistes n'usurpent donc pas en discutant les affaires publiques, ce droit leur est implicitement délégué par les citoyens; ce sont les Parlements qui empiètent lorsque, non contents de *décider*, ils veulent par leurs lois prohibitives accaparer à leur profit et refuser aux autres le pouvoir de *discuter*, auquel ils doivent participer, mais qui ne leur a pas été exclusivement délégué.

On comprendrait qu'on attribuât aux journaux la chute des gouvernements qui les ont laissés libres, si les gouvernements qui les ont asservis avaient été plus heureux. Mais ne sont-ils pas aussi tombés? Malgré leurs lois contre la presse, le Comité de Salut public, le Directoire, le premier Empire, la Restauration, n'ont-ils pas disparu tout aussi bien que l'Empire de l'acte additionnel, le gouvernement de Louis-Philippe, l'Empire de 1870, malgré leurs lois libérales? « Les lois sur la presse, a dit Fiévée, c'est comme la paille qu'on étend devant les maisons, qui n'empêche ni les voitures de rouler, ni les malades de mourir. » Donc si des gouvernements ont succombé après avoir réprimé la presse, et si d'autres ont péri, quoique ne l'ayant pas réprimée, ne faut-il pas conclure de ce résultat identique, précédé de conduites différentes, que, s'il est des gouvernements qui tombent et s'il en est d'autres qui se maintiennent, ce n'est pas parce que les uns respectent, et les autres détruisent la liberté des journaux, c'est par une raison étrangère à la presse elle-même et qui agit aussi bien en dehors d'elle que par elle?

Le mal qui nous mine est celui du pessimisme révolutionnaire. Les journaux, dans leurs excès, n'en sont que des symptômes. Les rendre responsables, c'est ressembler à l'ignorant qui accuserait le télégraphe de la nouvelle, bonne ou mauvaise, qu'il transmet. Les gouvernements, nés presque tous d'une violation du droit, se sont abandonnés plutôt qu'ils n'ont été renversés. Comme frappés d'une éclipse de l'intelligence et de la volonté par les fantômes que leur propre conscience évoquait, au premier revers, ils ont perdus contenance et, en pleine force, au lieu de résister intrépidement, ils ont laissé tomber, devant la faiblesse audacieuse, leur épée inutile de leur main découragée. Supprimât-on tous les journaux, les gouvernements ne cesseraient pas d'être précaires et prompts aux évanouissements subits, tant qu'en guérissant le pessimisme, nous n'aurons pas détruit l'effroyable élément de dissolution auquel personne ne peut résister (1). « Il y a une grande école d'immoralité ouverte depuis cinquante ans, dont les enseignements, bien plus puissants que les journaux, retentissent aujourd'hui dans

(1) Emile Ollivier, 1789 *et* 1889.

le monde entier. Cette école, ce sont les événements qui se sont accomplis presque sans relâche sous nos yeux. Que voyons-nous dans cette suite de révolutions? La victoire de la force sur l'ordre établi, quel qu'il fût, et à l'appui des doctrines pour la légitimer. Nous avons obéi aux administrations imposées par la violence; nous avons reçu et célébré tour à tour les doctrines contraires qui les mettaient en honneur. Le respect est éteint, dit-on. Mais qu'a-t-on respecté depuis cinquante ans? Les croyances sont détruites; mais elles se sont détruites, elles se sont battues en ruine les unes les autres. Cette épreuve est trop forte pour l'humanité; elle y succombe (1). »

Si le salut des gouvernements est au prix d'une sévère répression de la presse, considérons-les dès maintenant comme perdus sans merci, car l'impuissance de tous les systèmes à dominer et à réfréner la presse est désormais hors de doute. Pendant la Restauration, le gouvernement s'était d'abord adressé aux tribunaux, qui avaient condamné; puis, sous la pression du public, les juges s'étaient lassés et ils avaient acquitté. On crut alors qu'il n'y avait aucun inconvénient à essayer du jury. Le jury

(1) Royer-Collard, 24 août 1835.

débuta par des condamnations, puis, au bout de quelque temps, il se fatigua aussi et, sous la même pression il acquitta. Pendant le gouvernement de Louis-Philippe, le jury passa par les mêmes phases, et Guizot, dans ses mémoires, reconnaît que les procès faits alors, en vertu des lois de septembre, furent plus nuisibles qu'utiles. Lorsque le second Empire eut été rétabli par la volonté populaire, ses hommes d'État de la première heure se rappelèrent l'aveu désolé de De Serre : « Si vous levez la censure, attendez-vous que, soit avec des cours royales, soit avec le jury, vous n'aurez de répression ni contre les journaux ni contre aucun des abus de la presse. » (5 juillet 1824.) Ils établirent comme une censure perfectionnée leur système d'autorisation préalable, d'avertissements, de suspension, de suppression. Cela marcha bien pendant quelque temps; après quoi, les avertissements devinrent moins effrayants, et on fut obligé de les rendre plus rares; le public ne tarda pas à les persifler, puis à les braver; finalement, sous la clameur générale il fallut y renoncer.

Toute rigueur profite au journaliste. S'il y échappe, le pouvoir est affaibli; s'il y succombe, ce n'est que pour un temps, et tôt ou tard son influence renaît, accrue du prestige qui s'attache à quiconque souffre persécution. Par un singulier contraste, cette humanité, si vile devant le succès, ne donne pas son cœur aux victorieux dont elle baise les pieds avec tant de bassesse. Veut-elle créer une légende, elle ne s'arrête pas à ceux qui marchent à la tête des armées triomphantes ou qui dominent dans les palais et sur les places publiques : elle va au pied du bûcher sur lequel on brûle une pauvre et sainte fille du peuple nommée Jeanne, et elle crée la légende nationale; elle va dans une rue étroite du vieux Paris, où un roi nommé Henri tombe sous le poignard d'un assassin, et elle crée la légende bourbonienne; elle va sur un roc, où un homme d'un génie vaste à embrasser le monde avait été jeté par la trahison, et elle, qui n'avait été conquise, ni par les bataillons en marche, ni par les enseignes déployées, ni par les victoires aux serres dévorantes, ni par les clameurs de la multitude enivrée, ni par les louanges des corps d'État agenouillés, elle s'attendrit devant les souffrances et devant les tortures, elle accorde aux larmes ce qu'elle avait refusé à la puissance, et elle crée la légende napolénienne. « *Vincit qui patitur*, celui qui sait souffrir triomphe. »

A quoi bon, ô législateurs, fabriquer des lois

contre les opinions? N'entendez-vous pas la voix du Temps qui en raconte l'impuissance? Lutter par des lois pénales contre l'essor de la pensée, c'est ressembler à l'insensé qui fermerait les portes de son parc pour empêcher les oiseaux de s'envoler. Direz-vous que votre principale mission est de réprimer l'erreur? Mais qui nous démontre que ce que vous considérez comme la vérité n'est pas l'erreur? Depuis que Socrate a été condamné à la ciguë et que les cirques ont bu le sang des chrétiens, la sagesse d'État a perdu son infaillibilité. Ce n'est pas aux gouvernements qu'il appartient de décider ce qui est vrai. L'erreur n'a d'autre juge, d'autre maître, d'autre dominateur, que la vérité. Entre l'erreur et la vérité il existe un combat éternel, et les vicissitudes de ce combat, les défaites et les victoires qui se succèdent, c'est le drame même du genre humain. On doit à la vérité la protection qu'on refuse à l'erreur; mais à l'erreur, autant qu'à la vérité on doit la liberté. Qu'on ne prétende pas de là, néanmoins, comme l'a dit Pascal dans sa langue marmoréenne, que les choses soient égales ; car il y a cette extrême différence « que *l'erreur* (1) n'a qu'un cours borné par l'ordre de Dieu, qui en conduit les effets à

(1) Je substitue ce mot à celui de *violence*, de Pascal.

la gloire de la vérité qu'elle attaque; au lieu que la vérité subsiste éternellement et triomphe enfin de ses ennemis, parce qu'elle est éternelle et puissante comme Dieu même. »

II

Ainsi, me dira-t-on vous concluez à accorder une liberté illimitée. J'en suis bien éloigné. Dans ce monde, il n'existe et il ne peut exister rien d'illimité. L'illimité, l'*omnimoda libertas* justement condamnée par le *Syllabus*, est une chimère et une folie. Toute chose a ses limites. Seulement il s'agit de les trouver où elles sont. Les limites naturelles de la liberté des journaux sont nombreuses et efficaces : il y en a de spéciales, il y en a de générales.

La première des limites spéciales est la multiplicité des journaux. La remarque appartient à Tocqueville. « Le seul moyen de neutraliser les journaux, a-t-il dit dans sa *Démocratie en Amérique*, est d'en multiplier le nombre (1). » Ce que Lamartine a traduit ainsi : « L'oppression que la presse exerce sur l'esprit public tient à son monopole et non à sa liberté. » Dans les documents publiés après la mort de Tocqueville, on a retrouvé une conversation avec un

(1) T. Ier, p. 22.

éminent juriconsulte Américain, qui avait déterminé sa conviction. Elle est instructive à relire :

« *D.* Quelle est l'influence de la presse sur l'opinion publique? — *R.* Elle a une grande influence, mais elle ne s'exerce pas de la même manière qu'en France. Ainsi nous n'attachons que très peu de valeur aux opinions des journalistes. La presse n'obtient d'influence que par les faits qu'elle publie et la tournure qu'elle leur donne. C'est ainsi que parfois elle parvient à égarer l'opinion sur le compte d'un homme ou sur le caractère d'une mesure. En somme, par tous pays et sous tous les gouvernements, la presse sera toujours un instrument redoutable. — *D.* Quelles sont les bornes que vous mettez à sa liberté? — *R.* Notre principe à cet égard est très simple. Tout ce qui est dans le domaine de l'opinion est parfaitement libre. On pourrait imprimer tous les jours, en Amérique, que le gouvernement monarchique est le meilleur de tous. Mais lorsqu'un journal publie des faits calomnieux, lorsqu'il suppose gratuitement des intentions coupables, alors il est poursuivi et ordinairement puni d'une forte amende. Il n'y a pas longtemps, j'en ai eu un exemple, lors du procès intenté à la suite de la disparition de

Morgan, (affaire de franc-maçonnerie). Un journal publia que les jurés avaient rendu leur verdict de condamnation par esprit de parti. Je poursuivis l'auteur de l'article et le fis condamner. — *D*. Quel est, à votre avis, le moyen de diminuer la puissance de la presse périodique? — *R*. Je suis parfaitement convaincu que le plus efficace de tous est de multiplier autant que possible le nombre des journaux, et de ne les poursuivre que dans les cas extrêmes. Leur force diminue à mesure qu'ils sont plus nombreux. C'est ce que l'expérience nous a rendu manifeste. J'ai entendu dire qu'en France il n'y avait que deux ou trois grands journaux en crédit; je conçois qu'alors la presse devienne un agent très dangereux. »

Dans le seul État de New-York, il y a peut-être huit cents journaux de toute nature. Aucun obstacle ne gêne leur publication. Pourvu qu'il n'y ait, ni diffamation, ni provocation à un crime et délit, la liberté est complète : opinion contre opinion, flot contre flot; l'équilibre en résulte. Il y a un véritable péril à laisser une publication quotidienne conquérir la puissance d'un monopole. L'opinion publique ne peut plus se manifester et l'oppression de toutes les pensées individuelles libres conduit à l'asservissement

11.

de l'État lui-même. Dès que les journaux se multiplient avec facilité, chacun, particulier et État, retrouve sa liberté. Il se produit un phénomène analogue à celui qui se voit dans la nature : aucune force n'est détruite, toutes s'équilibrent et se contiennent réciproquement.

On ne saurait donc en aucune manière approuver l'impôt du timbre, l'impôt sur le papier ou tout autre prélèvement fiscal établi dans l'intention de rendre moins facile la création des journaux. L'établissement des charges de cette nature relève de l'ordre purement financier, et il appartient d'en décider au ministre des finances dans un budget, et non à des ministres politiques dans une loi sur la presse.

Une autre limite de la liberté des journaux, c'est la publicité obligatoire servant de contrôle et de correctif à la polémique libre. Un journal, en effet, est à la fois une manifestation des idées d'un certain nombre de citoyens et un instrument de publicité. La manifestation de ces idées et la polémique qui en résulte est sans danger, si une loyale publicité l'accompagne. Qu'importe à un orateur qu'un journaliste trouve son discours pitoyable, ou à un ministre qu'un ennemi censure âprement une de ses mesures, si à côté le journal contient le texte du discours et l'exposé véridique de la mesure? Le lecteur pourra apprécier la critique, et le discours, et l'acte. Et, qui sait? il arrivera plus d'une fois que, tandis que le journaliste critiquera, le lecteur applaudira le discours et sifflera l'article. Au contraire, si, à côté de l'appréciation polémique le lecteur ne trouve qu'un texte altéré ou incomplet, comment voulez-vous, surtout s'il est au fond d'une province, qu'il puisse contrôler la partie polémique de son journal et s'exercer à l'indépendance de l'esprit? Ainsi, sauf sous le second Empire, la manière dont les débats parlementaires sont reproduits a toujours été un véritable scandale. Chaque journal ne donne avec étendue que l'opinion de ses orateurs et rend absurde à plaisir la réponse de ses adversaires; de telle sorte que le pays est enveloppé dans un système de falsifications permanentes et finit, sous l'action des mensonges dont on le repaît, par perdre le sens commun. Ces pratiques et toutes autres semblables ne doivent pas être tolérées. Aucune des objections invincibles qui soustraient la partie polémique du journal à l'étreinte de la loi répressive ne subsiste à l'égard de la partie de la publicité. Les prohibitions peuvent être définies, selon les exigences de la science pénale; pour les punir, le juge n'a pas à s'engager dans l'examen délicat des intentions ou dans l'interprétation arbitraire d'un texte vague : il n'a qu'à s'enquérir de la matérialité d'un fait. Cette distinction lumineuse est due à un des journalistes les plus puissants de notre temps, Emile de Girardin qui, par cette vue, s'est placé à côté de Benjamin Constant, parmi les maîtres de la matière,

Voilà pour les limites spéciales. Les limites générales sont dans ce que Emile de Girardin a appelé « la pondération des libertés ». Etablir la liberté de la presse dans une société qui ne possède pas les autres libertés, c'est y introduire l'ouragan. La liberté des journaux n'est tolérable que si elle est contenue par la liberté parlementaire et par le droit de réunion.

Dans les sociétés antiques, alors que toute la vie politique se restreignait à un nombre limité de citoyens, le peuple se réunissait sur la place publique, à l'Agora ou au Forum. Assis sur des bancs de pierre, il écoutait immobile, la bouche béante, selon le témoignage d'un Ancien, la parole de ses orateurs, puis il votait. Les mêmes coutumes se retrouvent encore dans quelques cantons suisses, dans le canton d'Appenzell par exemple. Aux premiers jours du printemps, tous les citoyens du canton, un manteau brun sur les épaules, l'épée au côté, s'assemblent sur une place publique. Là, ils discutent sur le mérite des fonctionnaires, les confirment ou les destituent, et règlent tous les intérêts de leur petit État. C'est le gouvernement direct. A mesure que le nombre des citoyens s'accroît, que la cité s'élargit et devient nation, il est matériellement impraticable de maintenir un contact aussi immédiat entre les citoyens et leurs gouvernants. Alors on est amené au gouvernement représentatif. Le peuple se réserve tous les droits susceptibles d'être exercés directement (1), en première ligne les droits individuels et le pouvoir constituant, il délègue les autres à des représentants. Ainsi la nation n'est pas convertie en un atelier de lois, et cependant les questions d'où dépendent ses destinées ne sont résolues que par sa volonté.

La discussion parlementaire est un des plus efficaces correctifs de la liberté de la presse. Tôt ou tard l'opinion du journaliste, si elle a convaincu le corps électoral et si elle ne s'est pas évaporée elle-même comme une fumée sans consistance, se convertit en discours de tribune. Tant qu'elle était à l'état de monologue,

(1) Constituante, 9 mai 1791.

elle avait beau jeu; dans une assemblée, son triomphe est moins facile. L'orateur ne s'adresse pas, de même que le journaliste, à des auditeurs silencieux et prévenus; quand il s'est expliqué, un contradicteur surgit qui, avec une puissance égale ou supérieure, examine, conteste, réfute, combat; et, bien souvent l'opinion qui, avant d'être attaquée, avait paru irréfutable, après le débat se trouve confondue. Que de fois, n'avons-nous pas vu une assemblée acquise à des idées déraisonnables, convertie par une petite minorité courageuse! Tout ce que la prédication extérieure des journaux amassait d'erreurs ou créait de fantômes ou inventait d'utopies, expirait humblement au pied de la tribune, sous le souffle puissant des maîtres de la parole.

Les réunions publiques n'ont pas une utilité moindre. Elles sont indispensables au fonctionnement régulier du système représentatif. Si le représentant n'est pas choisi en liberté, s'il ne reste pas en rapports réguliers avec ses mandataires, la représentation n'est qu'une apparence; les assemblées n'expriment pas plus la véritable pensée du peuple qu'un thermomètre n'indique le degré réel de la température, lorsque celui qui le consulte lui communique une chaleur artificielle par la pression de son doigt. Or, sans le droit de réunion, les électeurs ne peuvent choisir leurs représentants en connaissance de cause, ni établir avec eux des rapports réguliers. Telle n'est pas cependant son utilité principale. Il sert surtout à contre-balancer l'action des journaux. La presse est, de son essence, une faculté aristocratique. Supposez-la aussi émancipée que vous le voudrez, supposez abolis les droits de timbre ou sur le papier, le cautionnement devenu inutile ; toujours est-il qu'on ne pourra diriger un journal sans être le possesseur de deux espèces de capitaux que tout le monde ne peut pas réunir : un capital matériel, l'argent; un capital intellectuel, l'instruction acquise. Par cela, la liberté de la presse restera toujours le privilège d'une partie de la nation. Au contraire, le droit de réunion n'exige la possession d'aucun capital. C'est le droit du pauvre, le moyen par lequel les humbles s'associent à l'action publique quotidienne, comme les lettrés s'y mêlent par les journaux. Aussi, les réunions publiques seules permettent-elles de connaître la véritable opinion générale, de saisir ces mouvements profonds et souvent souterrains qui constituent ce que le secrétaire florentin appelle « l'ambition d'un peuple ». Sans elles, le despotisme des journaux devient intolérable. Une opinion nouvelle se produit, les journaux puissants la repoussent. Comment faire? C'est, par exemple, Cobden et Bright qui demandent le rappel des lois sur les céréales. Le *Times* et ses confrères prennent leur grosse voix et répondent : Non! non! La liberté de la presse existant seule, Cobden et Bright eussent été vaincus, et le pauvre peuple du royaume britannique fût resté condamné aux famines périodiques. Heureusement le droit de réunion existait; ils s'en servirent; ils organisèrent une agitation, une ligue; ils parcoururent le pays, parlèrent, enseignèrent : et le *Times* fut vaincu, et les lois sur les céréales furent rapportées.

A ces limites diverses s'en ajoute une dernière, c'est la puissance qu'a la liberté elle-même pour détruire les abus que la liberté produit. Un pays n'est pas tout entier divisé, comme on le suppose, en partis implacables qui se surveillent, se menacent et attendent le moment propice de s'assaillir et de se dévorer. S'il en était ainsi, nous serions dans une situation voisine de la barbarie. Partout les partis ne sont composés que d'une petite minorité, car un très petit nombre d'hommes ont assez de loisirs, assez de passion désintéressée ou assez de passion ambitieuse, pour s'engager dans la discipline des partis. La grande masse, occupée de ses plaisirs, de ses intérêts, de ses douleurs, reste en dehors, observe, hésite, flotte. Croit-elle son repos compromis, elle se porte du côté des conservateurs et, sous une forme quelconque, leur donne le pouvoir. Au bout de quelque temps, le parti favorisé, par suite de l'intempérance naturelle à l'esprit humain, s'enfle de son succès et en abuse; il exagère : on lui demandait la stabilité, il impose l'immuabilité. Alors la masse se refroidit, se détache et rend aux progressistes le pouvoir qu'elle leur avait autrefois enlevé. Ainsi, le navire s'avance; il a la voile autant que le lest, et, grâce aux deux partis qui se font équilibre, la liberté ne manque jamais longtemps des deux conditions sans lesquelles elle n'existe pas, l'ordre et le progrès.

Les législateurs ont tort de croire que les grands principes sociaux, que la famille, la religion, la propriété, ne peuvent être préservés que par des lois pénales. Il suffit qu'ils ne les menacent pas eux-mêmes. Ne sommes-nous pas tous engagés dans la défense de ces intérêts sacrés? Malheur à nous, si nous en sommes réduits au gendarme pour confondre et pour réprimer ceux qui tenteraient d'ébranler ces assises des sociétés, et si le journal lancé dans cette entreprise n'est pas arrêté par la clameur publique. En Amérique, la législation pénale n'existe pas, mais la répression qu'exerce le peuple est plus terrible que ne pourrait l'être celle de la loi. Une opinion lui déplaît-elle, il envahit les bureaux d'un journal et les met à sac. « Il est des sujets, selon un journaliste américain, sur lesquels un journal quelconque ne peut entreprendre de dire la vérité sans risquer moins que la pendaison (1). » Un journal qui froisserait les idées religieuses ou les sentiments moraux ne pourrait pas vivre. Quand le corps humain est atteint par la maladie, les remèdes servent de peu si les forces de réaction de la nature ne les secondent pas. Il en est de même, d'une société. Dès qu'elle ne tire pas d'elle-même les moyens de préservation et de résistance au mal, les peines accumulées sont inefficaces; elle est condamnée : la décrépitude la gagnera et les flambeaux de la civilisation passeront en d'autres mains.

(1) Cucheval-Clarigny. *Histoire de la Presse en Angleterre et aux Etats-Unis*, 2e partie, chap. VIII.

III

Grâce à ces limites de la liberté des journaux, peut-on espérer que la licence disparaîtra et qu'il n'y aura plus de journalistes déréglés et violents? Non certes ! « Un journal quotidien, a dit Émile de Girardin, quelque supériorité qu'on suppose à l'homme qui le dirige, quelques puissantes et exercées que soient les mains qui exécutent ses inspirations, a d'impérieuses nécessités de temps et de grossiers appétits qu'il lui faut satisfaire, et qui sont exclusifs de l'unité, de la méthode, de la *science* et de la *conscience* (1). » Une personne du plus rare esprit disait un jour ingénument à Nefftzer, fondateur du *Temps* : « Ce que j'aime dans votre journal, c'est qu'il est de de bonne foi. — Je n'accepte pas le compliment, répondit celui-ci avec brusquerie, un journal ne peut pas être de bonne foi. » Non, ni la multiplicité des journaux, ni les règles de publicité, ni le contrôle de la tribune et des réunions publiques, rien n'empêchera un grand nombre de journaux d'être licencieux, superficiels, légers, de soutenir des thèses condamnables, d'affirmer des faits inexacts, de criti-

(1) *Les Droits de la Pensée*, p. 101.

quer sans conviction, d'attaquer sans justice, d'exercer des chantages, d'injurier, d'outrager, de diffamer, de calomnier. Telle est la condition même de l'existence de la liberté de la presse. » En matière de liberté de la presse, il n'y a réellement pas de milieu entre la servitude et la licence, (1). » — « Le bien et le mal de la presse sont inséparables (2). » On ne peut atteindre le silence, sans atteindre la liberté. Ceux qui essayent d'empêcher la licence en respectant la liberté me rappellent cet enfant qui me demandait, un jour, s'il ne pourrait pas y avoir une lumière qui ne produirait pas d'ombre. — « Mon enfant, lui répondis-je, il n'y a qu'une manière d'empêcher la lumière de produire de l'ombre, c'est de l'éteindre ». Il faut opter : ou bien poursuivre la licence, et par là même condamner la liberté ; ou bien respecter la liberté, mais alors prendre son parti de la licence.

Comment hésiter ? L'absence de liberté, c'est l'affaissement des caractères, l'énervement de la vie sociale, le goût et l'habitude des calomnies et des diffamations privées ; c'est le règne du nouvelliste bien informé, décrit par Plutarque, qui va de maison en maison, disant sous le

(1) Tocqueville, *Démocratie en Amérique*, t. Ier.
(2) Royer-Collard, 24 août 1835.

sceau du secret à quelqu'un qui le répète partout, sous la même condition, des propos venimeux ou des anecdotes controuvées; c'est surtout l'incrédulité sur les affirmations des agents du pouvoir. A la fin du premier Empire, ce sentiment était devenu tel, que l'Empereur avait renoncé à publier au *Moniteur* les bulletins de la Grande armée auxquels on ne croyait plus, on y suppléait par des correspondances d'officiers. De Pradt a raconté dans son histoire des *Quatre Concordats* la stupéfaction, lors du concile religieux réuni à Paris, des prélats de province arrivant de tous les coins du territoire, pleins de dévouement, et qui, sentant dans la capitale l'angoisse, l'incrédulité, la désaffection, devinrent aussitôt réservés, puis hostiles.

Au contraire, quand la liberté existe, il y a des difficultés, il y a des orages, il y a des jours d'épreuve, il y a des heures de combat; la vie, pour les hommes qui sont au gouvernement, n'est pas une vie de sybarites. Par compensation, quel éclat! quelle noblesse! quelle puissance dans l'intelligence! quelle vigueur dans les caractères! quelle belle société! On a la lutte, mais on a la dignité; on a les périls, mais on a la grandeur; on a les angoisses, mais on a les gloires! Quand, après son exil à l'île d'Elbe, Napoléon rentra aux Tuileries, il y appela Benjamin Constant, —jusque-là un de ses plus intraitables ennemis, par dévouement à la liberté, —et il lui dit : « Des discussions publiques, des élections libres, des ministres responsables, la liberté de la presse surtout : je veux tout cela. La liberté de la presse surtout. L'étouffer est absurde ! »

Dans une monarchie on peut, à la rigueur, chicaner sur ces idées et refuser plus ou moins à la liberté des journaux ; sous la république ce serait une intolérable contradiction. République, on ne saurait trop le redire, signifie le maximum de la liberté ; c'est la déclaration de grande majorité politique. Décréter la république, c'est reconnaître qu'un peuple est parvenu à ce point d'instruction, de sagesse, de maturité, qui le met en état de se conduire lui-même et d'affronter quotidiennement les épreuves orageuses d'une complète émancipation. Frapper la liberté des journaux, cela équivaut à nier la république dans son principe; c'est l'acheminer à la ruine, dans un despotisme.

IV

Seulement, pour que la théorie de la liberté de la presse ne devienne pas déraisonnable par ses effets et véritablement anarchique, ne l'isolez pas d'autres théories non moins certaines. Ne tenir compte que d'un seul élément dans cette multiplicité d'éléments dont se constitue une existence nationale, serait une cause inévitable d'erreurs. Ainsi, une théorie non moins fondamentale que la liberté de la presse est celle qui attache à tout acte une responsabilité, et à tout acte coupable une responsabilité pénale. La liberté de l'action n'est supportable que si toute action, qui blesse l'ordre public ou le droit d'autrui, est passible d'un châtiment proportionné à la perversité de l'intention et à l'étendue du dommage causé. La dignité et la sécurité de chacun sont à ce prix. On ne saurait, sous prétexte de liberté de l'esprit humain et en invoquant les diverses considérations que nous venons de présenter, soustraire les journaux à cette loi générale qui ne comporte aucune exception, dans aucun des ordres de l'activité humaine. Dès qu'ils sortent du domaine de la pensée pure, qu'ils cessent d'exprimer des opinions pour accomplir des actes, ils doivent encourir la responsabilité à laquelle les actes quelconques sont soumis. Cette distinction entre ce qui est opinion pure et ce qui est acte est non, moins essentielle que celle entre la publicité et la polémique : elle est aussi ancienne que la raison même. On la retrouve dans Thucydide. Eschine la mentionne dans son discours contre Démosthène : « Mon père, âgé de quatre-vingt-quinze ans, dit-il, avait passé par toutes les adversités de la république. Souvent il me les racontait, dans ses loisirs. Après le retour du peuple, me disait-il, lorsqu'un homme était accusé d'avoir violé les lois, la parole était tenue pour le fait. »

Elle n'a pas échappé à l'esprit sagace de Benjamin Constant. « La manifestation d'une opinion peut, dans un cas particulier, produire un effet tellement infaillible, qu'elle doive être considérée comme une action. Alors, si cette action est coupable, la parole doit être punie. Il en est de même, des écrits. Les écrits, comme la parole, comme les mouvements les plus simples, peuvent faire partie d'une action. Ils doivent être jugés comme partie de cette action, si elle est criminelle (1). » L'écrivain moderne qui a le plus accordé à la liberté, Stuart Mill, ne pense pas autrement que Benjamin Constant : « Personne ne soutient que les actions doivent être aussi libres que les opinions. Au contraire, les opinions elles-

(1) *Les Constitutions et les Garanties*, chap. VIII.

mêmes perdent leur immunité quand on les exprime dans des circonstances telles, que leur expression est une instigation possible à quelque acte nuisible. L'idée que les marchands de blé font mourir de faim les pauvres, ou que la propriété privée est un vol, ne doit pas être inquiétée quand elle ne fait que circuler dans la presse ; mais elle peut encourir une juste punition si on l'exprime oralement, au milieu d'un rassemblement de furieux, attroupés devant la porte d'un marchand de blé, ou si on la répand dans ce même rassemblement sous forme de placard (1). » Dans le langage courant, on dit, d'un discours ou d'un article de journal qui détermine un effet matériel plus ou moins rapproché : « Ce discours est un acte. »

Émile de Girardin s'est autrefois acharné contre cette distinction. A le croire, la presse, par elle-même, ne peut commettre ni crimes ni délits, pas plus que le sorcier ne peut ensorceler (2). Ainsi, un journaliste écrit dans son journal : « Demain, je vous engage à venir sur telle place, pour brûler telle maison. » Un autre écrit : « Demain, je vous convoque en

(1) *De la Liberté*, chap. III

(2) *Les Droits de la Pensée*, p. 116.

tel lieu, afin que tous ensemble vous vous dirigiez sur la Chambre des Députés, que vous l'envahissiez et la dispersiez. » Comment! il n'y a pas dans des excitations pareilles un acte, un crime, un délit? Et si la foule obéit, si elle s'ameute, saccage et brûle la maison, envahit l'asile de la représentation nationale, et que, pendant ce temps-là le journaliste provocateur se cache dans une cave, ceux qui auront cédé à la provocation seront traduits devant les tribunaux, guillotinés, envoyés au bagne, et le provocateur n'aura commis ni crime ni délit et pourra, en toute sécurité, recommencer ses scélérates excitations? Émile de Girardin ne recule pas devant cette conséquence, et il dit tranquillement : « Que deviendra, le lendemain, son prestige de la veille? Le lendemain, que répondra-t-il à la mère, au père, à la veuve, à la sœur, à la fille, au fils, qui viendront en larmes et en deuil le rendre responsable de la mort du fils, du mari, du frère, du père qu'ils pleurent, le traiter d'infâme poltron qui s'est caché, ou d'agent provocateur qui s'est trahi? » Il répondra ce que Mazzini a répondu à la mère des frères Bandiera et aux parents de tant d'autres qu'il a envoyés au champ de mort, sans y aller lui-même : « qu'il se réservait pour trouver des vengeurs aux martyrs frappés, et entretenir le feu sacré(1) ». Si cette plainte indignée des pères, des mères, des orphelins, des veuves, si la perte du prestige est une sanction suffisante, pourquoi ne le serait-elle pas dans toutes les hypothèses possibles? La femme qui a poussé son amant à tuer un mari qui l'importunait, ne perd-elle pas aussi son prestige? N'est-elle pas également exposée aux malédictions d'une famille en deuil? Qu'on la laisse donc en liberté, impunie, pendant que celui qu'elle a excité à l'assassinat aura le cou coupé. Le sorcier, dites-vous, n'est pas condamné. Distinguons, je vous prie. Sans doute, tant que sa sorcellerie reste platonique; dès que, sous prétexte de sortilèges, il aura ravi leur fortune à des crédules, il sera parfaitement traduit en police correctionnelle et, malgré l'innocuité de la sorcellerie, condamné comme escroc.

L'erreur d'Émile de Girardin tient à ce qu'il n'était pas familiarisé avec les idées juridiques. Il croyait qu'on n'est l'auteur d'un crime ou d'un délit que si on y participe matériellement. En réalité, à côté des auteurs matériels d'un délit, la science signale ceux qui en ont été les

(1) *Les Droits de la Pensée,* p. 432.

auteurs intellectuels, et les punit de la même peine que l'auteur matériel, « lorsque, par dons, promesses, menaces, abus d'autorité ou de pouvoir, machinations ou artifices coupables, ils auront provoqué à l'action ou donné des instructions pour la commettre ». Ce sont les termes de l'article 60 du Code pénal, qui appelle les auteurs intellectuels « des complices ». Aucune loi sur la presse n'existât-elle, celles qui existent seraient-elles abrogées, le journaliste qui aurait provoqué à un crime ou à un délit dans les conditions de l'article 60 serait poursuivi comme complice. Les lois sur la presse n'ont pas créé cette possibilité de la complicité d'un journaliste, elles l'ont simplement étendue. Ainsi, aux termes de l'article 1er de la loi du 17 mai 1819, le seul fait de la provocation publique à une action qualifiée crime ou délit, constitue la complicité, même en l'absence des conditions exigées par l'article 60. La provocation, même non suivie d'effet, est érigée en délit spécial (art. 2 et 3). La loi du 27 juillet 1849 est allée plus loin encore : elle a établi la complicité morale, la complicité qui résulte de « l'apologie des faits qualifiés crimes ou délits » (art. 3). A leur victoire de 1848, la plupart de ceux qui avaient poursuivi de leurs clameurs le procureur général Hébert, à cause du mot de « complicité morale » prononcé dans l'affaire Dupoty, ont légalisé cette complicité morale contre laquelle ils avaient paru éprouver tant d'horreur.

Cette disposition de la loi de 1849 est excellente. La provocation même générale. qui résulte d'une apologie de faits qualifiés crimes ou délits, constitue un acte de complicité punissable. et mérite d'être poursuivie, ne présentât-elle aucun des autres caractères indiqués par l'article 60 pour la provocation non publique, adressée à un simple individu. Par cela seul qu'elle s'adresse à une foule, la provocation a plus de chance d'enflammer les esprits ou, tout au moins, de trouver un mécréant disposé à l'écouter. En outre, les conséquences d'une provocation générale, lorsqu'elles se produisent, sont tellement plus désastreuses que celles d'une provocation individuelle, que, pour la prévenir, le législateur a été bien inspiré en la punissant, même lorsqu'elle n'a pas été suivie d'effet. La seule imperfection de ces préceptes tutélaires a été de se trouver jusqu'à présent dans des lois politiques, ce qui leur donne une apparence transitoire et contestable. Il sera utile de rehausser leur autorité et de leur imprimer sans conteste un caractère permanent, en les insérant dans le Code pénal commun, à la suite de l'article 60.

L'atteinte à la considération et à l'honneur d'autrui doit être interdite aux journalistes, non moins sévèrement que la provocation aux crimes et aux délits contre les individus et contre la chose publique. Les lois de 1819 sont considérées comme ayant définitivement réglé cette matière délicate, et, depuis lors, le recul a paru consister à s'en éloigner et le progrès à y revenir.

Leur mécanisme peut se résumer dans les propositions suivantes : — Toute expression outrageante, terme de mépris ou invective qui ne renferme l'imputation d'aucun fait, est une injure si elle s'adresse à un simple particulier, un outrage si elle atteint une personne revêtue d'un caractère public.

L'allégation ou l'imputation d'un fait qui porte méchamment atteinte à l'honneur et à la considération d'un simple particulier ou d'un corps, même si cette allégation ou imputation est vraie, constitue la diffamation.

La preuve des faits diffamatoires n'est pas autorisée, si ce n'est contre les fonctionnaires publics ou les dépositaires ou agents de l'autorité publique, à l'occasion des faits relatifs à leurs fonctions : *Veritas convicti non excusat.* Plus il y a de vérité dans un écrit, disait lord Mansfield, plus un écrit est un libelle.

La calomnie est l'allégation ou l'imputation fausse. La fausseté ne pouvant résulter que d'une preuve et la preuve n'étant admise que dans des cas déterminés, juridiquement la calomnie n'existe qu'au cas où cette preuve est autorisée. Elle peut donc être définie : l'allégation ou l'imputation d'un fait faux qui porte atteinte à l'honneur et à la considération d'un fonctionnaire public, ou d'un dépositaire ou agent de l'autorité publique, à l'occasion de faits relatifs à leurs fonctions.

Enfin le ministère public ne peut poursuivre que sur l'autorisation ou la plainte des individus ou des corps diffamés et calomniés. Le compte rendu des procès en diffamation est défendu, celui des débats en calomnie est autorisé.

Il n'y a rien à changer à ces règles sur l'injure et l'outrage, ni à celles sur la calomnie. Le système de la diffamation doit, au contraire, être radicalement modifié.

Il protège mal, en interdisant la preuve des faits diffamatoires. Cette interdiction sert aux fripons et est un malheur pour les honnêtes gens; il abrite ceux qui ont quelque chose à cacher, il désarme ceux qui ont intérêt à tout divulguer. Supposez qu'il plaise à un vil folliculaire d'articuler contre un homme honorable les calomnies les plus infamantes, comment celui-ci se défendra-t-il? S'il pouvait défier à la preuve, il s'adresserait à la justice; à quoi bon, puisque les juges lui répondront : « Nous ne sommes pas autorisés à rechercher la vérité ou la fausseté des faits. » Alors il laisse dire, il se tait, et l'insolence du calomniateur s'accroît de cette impunité. Les forts dédaignent, mais les faibles se désolent; or les lois politiques ne sont pas faites en vue des forts qui savent se défendre, mais en faveur des faibles qui ont besoin qu'on les assiste.

Le système protège mal d'une autre manière : en subordonnant la condamnation du diffamateur à l'intention délictueuse et au préjudice causé. Sur cela, il y a matière à contradiction, à examen, à plaidoirie. L'avocat de l'accusé renouvelle la diffamation et parfois l'envenime, par des insinuations et des rapprochements perfides ou des demi-preuves auxquelles on ne peut rien opposer de décisif. Quoique la publicité soit réduite à celle de l'audience, bien des âmes craintives hésitent à l'affronter, à exposer aux malignités d'un auditoire plus ou moins nombreux, qui au sortir jouera de la langue, les sentiments les plus secrets ou les actes les plus douloureux de leur vie; elles préfèrent le silence à cette épreuve poignante, et c'est encore un encouragement aux malfaiteurs, car c'est la punition des délits présents qui empêche les délits futurs.

En un mot, le système introduit en 1819 est aussi défectueux, par ce qu'il interdit que par ce qu'il permet. Il est des cas où tout doit être permis ou tout doit être interdit, et où il n'existe pas de moyen terme entre l'absence de débat et le débat poussé à fond. Nous sommes dans un de ces cas. Cette législation imprévoyante devrait être abrogée et remplacée ainsi qu'il suit :

Interdiction absolue d'une énonciation ou imputation quelconque relative à la vie privée de qui que ce soit, que cette allégation ou imputation soit vraie ou fausse, injurieuse ou non, qu'elle ait ou n'ait pas causé de dommage, qu'elle ait été faite avec ou sans intention de nuire. Benjamin Constant, qui a le premier proposé cette règle, en a donné les raisons décisives : « Les actions des particuliers n'appartiennent point au public. Un journaliste ou un écrivain qui déroberait les livres de comptes d'un banquier et les publierait, serait certainement coupable, et je crois que tout juge devrait le condamner. La vie privée d'un homme, d'une femme, d'une jeune fille, leur appartient et est une propriété privée, comme les comptes d'un banquier sont sa propriété. Nul n'a le droit d'y toucher. On n'oblige un négociant à soumettre ses livres à des étrangers, que lorsqu'il est en faillite. De même, on ne doit exposer en public la vie privée d'un individu, que lorsqu'il a commis quelque faute qui rend l'examen de cette vie privée nécessaire. Tant qu'un homme n'est traduit devant aucun tribunal, ses secrets sont à lui, et quand il est traduit devant un tribunal, toutes les circonstances de sa vie qui sont étrangères à la cause pour laquelle il est en jugement, sont encore à lui et ne doivent pas être divulguées (1). » Alors vraiment la vie privée sera protégée. En cas de violation de la loi, plus de débat sur l'intention et sur le préjudice causé; plus de plaidoirie outrageante à affronter; plus d'aggravation du mal à l'audience ; un fait matériel simple, sur lequel il ne saurait y avoir de doute, à constater.

(1) *De la liberté des brochures, des pamphlets et des journaux, considérée sous le rapport du gouvernement,* édit. de 1818, p. 452, en note.

Cela ne suffit pas. Si l'allégation ou l'imputation relative à la vie privée a un caractère déshonorant, et s'il existe un intérêt quelconque à la convaincre de fausseté, la personne lésée pourra, ne se contentant pas de la disposition qui protège la vie privée, porter une plainte en calomnie et mettre le journaliste en demeure d'apporter la preuve des faits, selon les règles déjà admises en cas de diffamation contre les personnes ayant agi avec un caractère public.

Ainsi, à la place du délit de diffamation des lois de 1819, deux délits seraient établis : l'atteinte à la vie privée; la calomnie contre la vie privée.

En 1868, (16 janvier), l'un des inventeurs du régime discrétionnaire, Persigny, écrivit une lettre dans laquelle il reconnaissait que le régime discrétionnaire ne pouvait être que transitoire. « Un pouvoir fort disait-il, n'a rien à craindre et, au contraire, a tout à gagner à la liberté de discussion. Au temps où nous vivons, où, quelles que soient la forme et la nature du gouvernement, c'est, en réalité, l'opinion qui règne et gouverne, l'État a avantage à laisser se produire toutes les manifestations de l'esprit public. La liberté de la presse, c'est le frein des abus du pouvoir, des ambitions déréglées, des intrigues contraires au bien public. C'est le mouvement imprimé à tout l'organisme social et politique; c'est, en un mot, pour la liberté moderne ce que la vie ardente, passionnée mais féconde du Forum, était pour la liberté antique. » Il ne demandait, comme correctif à cette liberté, que la protection de la vie privée; et il ne lui paraissait pas, quoi qu'on écrivît dans la loi, que cette protection fût assurée, tant que le ministère public ne serait pas chargé de poursuivre d'office, indépendamment de l'intervention des personnes lésées, toute atteinte à la vie privée. En cela, il dépassait le but. Le silence est le plus souvent la meilleure réponse aux indiscrétions et même aux calomnies des journaux. M. de Sacy, dont la renommée s'était faite dans le journalisme, m'a maintes fois répété que l'un des résultats les plus essentiels de son expérience était qu'il ne fallait jamais répondre à un article de journal. Ne serait-il pas tyrannique qu'un officier du parquet obligeât ceux qui dédaignent des attaques par lesquelles ils ne se sentent pas atteints, à subir une protection dont ils ne veulent pas?

Objectera-t-on à cet ensemble de mesures répressives, tirées du droit commun, que, dans ce système, il n'est plus question du jury?

Pourquoi en serait-il question? Pourquoi les journalistes, coupables de délits de droit commun, ne seraient-ils pas soumis aux tribunaux du droit commun? Pourquoi violerait-on à leur profit le principe d'égalité, et leur donnerait-on un juge exceptionnel? Le jury, en matière de presse, n'avait été introduit, même pour les simples délits, que parce que les délits de presse étaient nécessairement arbitraires; c'était le palliatif à un mal. Le mal détruit par l'abolition des délits de presse, à quoi bon le palliatif? Conçoit-on, s'écrie-t-on mélodramatiquement, un écrivain sur le banc des escrocs? Il me semble que, lorsqu'il comparaît en cours d'assises, il ne s'assied pas sur le banc des honnêtes gens? Si l'on veut obtenir le jury, qu'on généralise la revendication et que, sortant de la théorie propre de la presse, on le réclame comme une des institutions normales d'une république. Je doute que nos mœurs publiques soient en état de supporter une pareille innovation.

La seule disposition du droit commun qu'il me paraisse désavantageux et illogique d'étendre aux délits commis par la presse, c'est la peine de la prison. La peine doit être calquée sur la nature du délit. Cette idée si juste a fourni à Dante les effets saisissants de son terrible poème. Les âmes passionnées sont emportées par une trombe infernale qui jamais ne s'arrête; les gourmands n'ont pour nourriture qu'une pluie éternelle, mêlée de neige et de grêle; les paresseux gémissent dans la vase; les homicides gisent dans une fosse remplie de sang; les flatteurs étouffent dans un hideux cloaque d'immondices; les hypocrites marchent à pas lents, couverts d'amples chapes, brillantes au dehors, mais brûlantes en dedans.

Il n'y a pas de corrélation entre la prison, dont un premier tort est de rendre le journaliste intéressant, et le délit commis par la presse. Pourquoi le journaliste a-t-il recours aux provocations coupables, aux injures ou aux diffamations? Pour satisfaire son ambition. Frappez donc le coupable dans cette ambition. Que celui qui a voulu obtenir le pouvoir ou l'influence par les moyens mauvais soit privé par l'interdiction plus ou moins longue des droits politiques du pouvoir qu'il a convoité et de l'influence qu'il a poursuivie.

L'interdiction des droits politiques doit être accompagnée d'une rigoureuse application de l'amende et des dommages-intérêts. C'est le seul mode de répression contre les diffamateurs qui ne sont, le plus souvent, que des entrepreneurs de chantage évincés. Quand un de ces chevaliers d'industrie est pris en flagrant délit, on le condamne à 100 francs de dommages-intérêts, pas même de quoi rémunérer l'avocat du plaignant. La faiblesse de la magistrature française devant les diffamateurs a quelque chose d'une complaisance née de la crainte. Dès que, comme en Angleterre, la diffamation aura été punie par la ruine du diffamateur, le chantage, honte et plaie de nos mœurs publiques, disparaîtra, et les journalistes comme les particuliers ne seront plus condamnés à ces duels ridicules, qui sont cependant une nécessité bien souvent, comme correctif au refus tacite des pouvoirs publics de protéger efficacement l'honneur des particuliers et des familles.

Il est bien entendu que la responsabilité des actes d'un journal ne saurait s'étendre à l'imprimeur. Le fait matériel de l'impression ne constitue pas plus l'imprimeur complice de l'écrivain, que la vente d'un revolver ou d'un poignard ne rend l'armurier complice de l'assassin. En prêtant ses presses, l'imprimeur remplit un office industriel et non un acte de discernement intellectuel. Il n'acquiesce à aucune des opinions qu'il imprime; heureusement pour lui, car son cerveau deviendrait une tour de Babel. Il ne les apprécie même pas, ce qui l'obligerait à réunir autour de lui un véritable Institut. Il est une machine et non un écrivain, un philosophe, un juge. Il ne doit être recherché que s'il publie un ouvrage sans signature. Dans ce cas, il sort de son rôle passif, il accepte la responsabilité, et c'est comme auteur principal et non comme complice qu'il tombe sous l'action de la loi répressive.

V

La théorie du droit commun sur la répression des délits n'est pas la seule qui doive être combinée avec la liberté de la presse, et réagir sur elle. Il en est une autre, non moins essentielle quoique d'un ordre tout différent, celle de la dictature, qui doit obtenir une action plus rare et, quand les circonstances l'exigent, aussi impérieuse sur les principes de liberté que nous avons exposés.

Dans les circonstances extraordinaires, la liberté, qui n'est rien autre que le droit individuel en face du droit social, doit être suspendue sous toutes ses formes, et surtout sous sa forme la plus active : la liberté des journaux. La nature et la durée de cette suspension sont proportionnées au péril lui-même. S'agit-il d'une guerre étrangère ou d'une sédition intérieure, on a recours à la dictature romaine ou à la *balia* florentine, dont le caractère est d'être limitée quant à son objet et quant à sa durée. Le mal est-il plus grave sans être incurable? tient-il, par exemple, à la coexistence de partis politiques implacables, toujours disposés à sacrifier l'intérêt général et la paix publique à leurs passions haineuses? en est-on aux *discordiæ usque ad exitium* de Tacite? le remède sera le gouvernement dictatorial, dont la nature est d'être illimitée quant à ses effets et quant à son objet (1).

On composerait un volume des témoignages laissés par les grands écrivains politiques sur la nécessité d'adapter des règles différentes aux circonstances ordinaires, — santé, — et aux circonstances extraordinaires, — maladie des sociétés. Cicéron ne fut pas arrêté par des scrupules libéraux, pour sauver Rome de Catilina. A l'époque de sa lutte avec Antoine, il écrivait à D. Brutus : « *Ut ne in libertate et salute populi*

(1) *Principes et Conduite*, chap. 1er.

Romani conservandam auctoritatem senatûs expectes. A Plancus il écrivait : *Neve in rebus tam subitis tamque angustis a senatu consilium petendum putes. Ipse tibi sis senatus* (1). Pour sauver la république dans des temps aussi exceptionels et aussi terribles, n'attendez pas les instructions du sénat. Soyez à vous-mêmes votre sénat. — Montaigne exprime cette idée avec son délicieux bon sens : « Si est, ce que la fortune, réservant toujours son autorité au-dessus de nos discours, nous présente aucune fois la nécessité si urgente qu'il est besoin que les lois lui fassent quelque place. L'aller légitime est un aller froid, pesant et contraint, et n'est pas pour tenir tête à un aller licencieux et effréné. En ces dernières extrémités où il n'y a plus que tenir, il vaudrait mieux faire vouloir aux lois ce qu'elles peuvent, puisqu'elles ne peuvent ce qu'elles veulent (2). » — « Les républiques, a dit Machiavel, qui, dans les périls urgents, n'ont pas la ressource de la dictature ou d'une institution analogue, succomberont toujours lorsque les évènements deviendront graves (3). » — « Il y a des cas, a dit Montes-

(1) *Ad famil.*, XI, 7 ; X, 16.

(2) XXII.

(3) *Dei discorsi*, lib. Ier, cap. XXXIV.

quieu, où il faut mettre pour un temps un voile sur la liberté (1). » — Dans son décret sur la loi martiale, la Constituante résume les principes, ainsi : « La liberté n'existe que par l'obéissance aux lois. Si, dans les temps calmes, cette obéissance est suffisamment assurée par l'autorité publique ordinaire, il peut survenir des époques difficiles où les peuples, agités par des causes souvent criminelles, deviennent l'instrument de crimes qu'ils ignorent; ces temps de crises nécessitent momentanément des moyens extraordinaires. » On connaît le superbe fragment de Royer-Collard : « Qu'il y ait, pour les États, des crises plus fortes que les remèdes ordinaires dont l'application serait impossible ou dangereuse; qu'à ces époques fatales les gouvernements puissent et doivent s'élever au-dessus des lois, frapper, s'il en est besoin, ceux qu'elles épargnent, épargner ceux qu'elles frappent, séparer le fait du droit et la justice de ses formes; en un mot, chercher leurs motifs et leurs règles dans l'intérêt suprême du salut de l'État, dont ils sont uniquement responsables; c'est ce qu'on ne peut nier, après avoir lu l'histoire et assisté à la plus terrible de ses leçons, à moins qu'on ne prétende d'une manière géné-

(1) *Esprit des Lois,* XII, XIX.

rale et absolue qu'il est prescrit aux nations de descendre au tombeau plutôt que de s'écarter un seul instant d'aucun des principes, d'aucune des formes établies dans un autre temps et pour un autre büt. Les gouvernements ont, sans doute, abusé de ce droit terrible de négliger les lois quand le salut de l'État le commande; mais on abuserait aussi contre eux, et avec bien plus de péril, de l'impuissance où ils seraient de l'exercer. »

Ce langage magnifique n'a pas la précision de celui de Machiavel et de Montesquieu. Il contient la justification des coups d'État plus que celle de la dictature. Se séparer du droit n'est jamais permis, car cette séparation constituerait le péril le plus redoutable qui puisse menacer un État. Le vrai est d'avoir deux règles, toutes les deux relevant de la justice : l'une pour les cas ordinaires, l'autre pour les cas extraordinaires, l'une pour la santé, l'autre pour la maladie. Ainsi on ne se place jamais au-dessus de la loi, et on ne se sépare dans aucune occasion du droit.

Je ne connais pas de démonstration de la liberté de la presse aussi triomphante que celle présentée en un discours substantiel au Parlement piémontais par Cavour, alors ministre des finances, (5 janvier 1852). Dans l'opposition, alors qu'ils organisent l'escalade du pouvoir, tous les hommes politiques célèbrent la liberté. Cavour est du petit nombre de ceux qui sont restés, au pouvoir, ce qu'ils étaient avant d'y parvenir : *quibus artibus petierat magistratus iisdem gerebat*. N'ayant jamais été excessif dans l'opposition, il n'eut pas à se désavouer au gouvernement. Les lois contre la presse, selon lui, ne servent qu'à contraindre les partis subversifs à une modération insidieuse, qui voile à la foule la perversité de leurs doctrines. Il vaut mieux ne pas s'opposer à ce qu'ils les exposent en pleine liberté; elles inspireront de l'horreur et se détruiront elles-mêmes. Après Novare, les violences des journaux républicains de Gênes contribuèrent beaucoup plus, ou au moins autant que les efforts de la presse modérée, à consolider la monarchie constitutionnelle de Victor-Emmanuel. L'exemple comparé de la France et de la Belgiqué ne lui paraissait pas moins concluant. Dans les deux pays, après 1830, les journaux jouirent d'une large liberté. Dans les deux pays ils en abusèrent. En France, on tenta, à la suite de l'attentat de Fieschi, de s'opposer à la publication des opinions républicaines par les lois de septembre. En Belgique, on laissa aller. En France, on parut avoir atteint le but : les journaux cessèrent de parler ouvertement de la république, mais ils ne cessèrent pas de la montrer dans des phrases voilées ou dans des métaphores, et d'accroître ainsi le nombre de ses partisans. Pendant ce temps, en Belgique, le parti républicain diminuait et finissait par disparaître. La religion surtout avait à gagner, d'après l'orateur, à une ample liberté. Dans l'ancien régime, en France, les offenses contre la religion étaient punies des peines les plus sévères, pécuniaires et personnelles ; on allait jusqu'à brûler la langue des blasphémateurs, et cependant la religion avait perdu beaucoup de son autorité ; au contraire, de 1789 à 1852, ce pays a plus ou moins joui de la liberté des journaux, ces journaux se sont montrés plus hostiles à la religion, et néanmoins l'esprit religieux est plus puissant qu'il y a soixante ans. Plus un pays est libre, plus la religion y est respectée. Ce qui se passe en Angleterre, en Belgique et dans certains cantons suisses, le prouve surabondamment.

Toutefois, l'éminent homme d'État italien n'admet cette liberté de la presse que « dans les circonstances normales, chez un peuple arrivé à un certain degré de civilisation, qui n'est pas agité de passions extraordinaires, ou qui n'est pas en proie à des évènements exceptionnels. Au milieu d'une guerre civile, à la veille ou au lendemain d'une guerre étrangère, il n'hésiterait pas à suspendre, en partie du moins, la liberté de la presse ». Et à ceux qui, à ces déclarations, opposaient les principes, il répondait dédaigneusement : « Les grandes phrases et les grandes maximes ont plus d'une fois conduit des États à leur ruine. Je respecte les grands principes, et je ne crois pas qu'on doive les violer; mais autre chose sont les principes, autre chose leur application : dans l'application, il faut tenir compte du temps et des circonstances. »

Tel est le dernier mot de l'expérience politique. Les institutions de tous les peuples qui ont joui longuement d'une liberté paisible, le confirment. Venise, au lieu de créer, comme Rome, une dictature dans les moments périlleux, avait institué, à côté des pouvoirs réguliers, une dictature permanente, le Conseil des Dix. Quoique ce Conseil n'eût qualité pour agir que dans les circonstances extraordinaires, il restait toujours constitué, et ses membres demeuraient en fonctions tant qu'on ne les avait pas remplacés, afin qu'il fût pourvu sans délai aux nécessités imprévues. Et, comme la cité s'émouvait à l'annonce d'une réunion, on avait établi une séance régulière tous les huit jours, — même quand rien ne l'exigeait, — afin que les citoyens ne fussent jamais avertis prématurément qu'ils étaient à la veille d'événements graves (1).

En Angleterre, on arrive au même résultat par d'autres moyens. La législation sur la presse est draconienne, telle qu'elle était sous les Tudor. Pendant tout le dix-huitième siècle on a pendu, marqué, mis au pilori, fouetté en place publique les journalistes. En 1812, les deux frères Hunt furent condamnés à un an de prison et à une amende qui, avec les frais, s'élevait à 50,000 francs, pour avoir imprimé dans l'*Examiner* que le *Morning Post* avait un peu outrepassé la vérité en appelant un *Adonis* le prince de Galles, alors âgé de cinquante ans. De 1808 à 1831 le gouvernement anglais fit condamner quatre-vingt-quatorze journalistes, dont douze à la déportation pendant sept ans (2). A partir de 1833 environ, une tolérance de fait absolue a succédé à ces violentes persécutions, et les

(1) Donato Giannoti, *Della Repubblica de' Veneziani.*

(2) Cucheval-Clarigny, *Hist. de la presse en Angleterre,* chap. x.

journaux, libres du côté du gouvernement, n'ont plus à se débattre que contre les actions en dommages-intérêts des particuliers. Toutefois, la législation impitoyable est toujours là, sommeillant mais vivante, et, au moindre péril sérieux, on la réveille. En 1858, le gouvernement poursuivit les journaux qui soutenaient la légitimité du tyrannicide. A l'occasion, on recommencerait.

Il est donc prévoyant d'avoir deux législations différentes : celle des temps calmes et celle des temps orageux. Celle des temps calmes accordera toutes les libertés ; celle des temps orageux n'en accordera aucune. Dans les temps calmes, les journaux n'auront d'autre surveillant que l'opinion publique ; dans les temps orageux, ils seront soumis à l'autorité discrétionnaire des pouvoirs publics. Lorsque la cité sera paisible, on les régira par les préceptes les plus larges du droit commun ; lorsque la cité sera troublée, on n'écoutera plus que les exigences du salut public. Jusqu'à présent, le courage de faire cette distinction a manqué à nos législateurs. Au lieu d'avoir deux lois correspondantes à deux situations différentes, ils se sont contenté d'une seule qui, s'efforçant de pourvoir par les mêmes prescriptions à des exigences opposées, a péché dans les situations calmes par la tyrannie des restrictions, dans les circonstances orageuses par l'excès de scrupules, et a paru tour à tour trop sévère ou trop relâchée. L'homme sensé se munit d'un vêtement d'été et d'un vêtement d'hiver, et il peut ainsi toujours s'adapter aux saisons. Nous avons imité l'imprévoyant qui en possède un seul et se trouve également mal, l'hiver où il grelotte, et l'été où il étouffe. Mieux encore, nous rappelons, suivant la sévérité ou l'indulgence de notre humeur, le médecin Tant-Pis qui, ayant essayé l'efficacité de la diète pendant la fièvre, dit, même aux gens valides : « Jeûnez toujours ! » ou le médecin Tant-Mieux qui, sachant l'efficacité de la nourriture succulente à relever les forces, dit, même aux fiévreux : « Ne jeûnez jamais ! »

Même dans des temps calmes, lorsqu'un pays placé entre des ennemis implacables est contraint de veiller à sa sécurité extérieure avec une vigilance particulière, il est nécessaire d'autoriser le gouvernement à interdire pour un temps, par un simple décret, la discussion de tout sujet d'ordre extérieur ou militaire, de nature à exciter inopportunément les esprits ou à compromettre la sécurité nationale.

VI

La loi de 1881 est certainement la loi la plus libérale qui ait été édictée, celle qui, incontestablement, se rapproche davantage des véritables principes de la science politique. Implicitement, sinon en termes formels, elle supprime les délits de tendance, de doctrine, d'opinion; elle ne demande compte à la presse que des délits de droit commun, punissables de quelque manière qu'ils se produisent. Ainsi a été définitivement rectifiée l'erreur fondamentale de Benjamin Constant, cause de tant de vaines discussions et de dispositions incohérentes.

La loi ne sacrifie cependant pas, sous prétexte d'une fallacieuse liberté, les exigences supérieures de la responsabilité. A côté de la liberté et comme son correctif, elle maintient une rigoureuse sanction pénale. Elle punit à titre de complicité la provocation directe suivie d'effet, certaines provocations directes, même non suivies d'effet, les cris ou chants séditieux proférés dans les lieux ou réunions publics, la publication des fausses nouvelles, l'outrage aux bonnes mœurs, l'outrage, l'injure, la diffamation, la calomnie ; elle étend même la sphère de la calomnie en autorisant à établir la vérité des imputations diffamatoires et injurieuses contre les directeurs ou administrateurs de toute entreprise industrielle, commerciale ou financière faisant publiquement appel à l'épargne ou au crédit.

Elle n'applique pas cependant cette responsabilité au delà de ce qui est légitime, et, pour la première fois, elle consacre l'immunité de l'imprimeur pour le simple fait matériel de l'impression.

Elle maintient un certain nombre des limites de la liberté : elle facilite notamment la multiplicité des journaux, par la suppression de l'autorisation préalable et du cautionnement et du monopole des imprimeurs. La législation générale avait déjà constitué les garanties qui résultent des délibérations parlementaires et du droit de réunion. Si des sectaires idiots ont supprimé, en fait, la liberté des réunions publiques, proclamée en droit, il n'y a pas à l'imputer aux auteurs de la loi.

Il y a donc beaucoup à louer et beaucoup à garder, dans la loi de 1881. Il y a aussi de nombreuses imperfections à corriger.

La publicité, ce préservatif contre les abus

de la polémique, n'est nullement assurée par la recommandation de faire des comptes-rendus de bonne foi.

Le système de répression des atteintes à l'honneur et à la considération des personnes est toujours le vieux système défectueux de la loi de 1819.

L'interdiction des droits politiques n'est nulle part infligée; la peine principale reste celle de l'emprisonnement, et les amendes prononcées sont très insuffisantes, 3000 francs au plus.

L'apologie des faits qualifiés crimes ou délits n'est pas considérée comme équivalant à une provocation directe à les commettre.

La juridiction de la cour d'assises, ce qui est plus grave, est accordée aux simples délits. Par là est détruit à la fin de la loi le principe qui avait été inscrit au frontispice. Dès qu'on avait replacé la presse dans le droit commun par la suppression des délits d'opinion, il était incohérent de l'en tirer de nouveau pour la placer dans le privilège par le choix de la juridiction. Si la presse ne peut plus commettre que des délits de droit commun, quelle raison y a-t-il de ne pas les faire juger selon les règles de procédure du droit commun? Cette inconséquence n'est pas sans péril pour ceux au profit desquels elle paraît commise, car elle maintient ouverte la possibilité d'un retour aux anciennes répressions abolies. A tout instant, la presse peut retomber du privilège dans la servitude. Ses franchises ne seront définitivement inexpugnables que lorsqu'elles seront celles assurées à tous les citoyens par le droit commun.

Enfin, ce qui est encore plus grave, la loi n'arme pas le gouvernement de pouvoirs exceptionnels pour les situations exceptionnelles, et ne l'autorise pas, même dans les périodes d'apparence calme, à interdire pour un temps certaines discussions dangereuses et compromettant la sécurité nationale. Lors de la dernière guerre, dans presque tous les journaux, à l'insu des directeurs et rédacteurs, se trouvait blotti dans un coin quelque traître salarié, chargé d'envoyer à l'ennemi les nouvelles propres à guider ses généraux. C'est un de ces misérables qui, par Londres, a fait parvenir au quartier général prussien la nouvelle de la marche de l'armée sur Sedan.

Si, aujourd'hui, le fond des reptiles berlinois soldait encore, — ce dont Dieu nous garde, — de pareils éclaireurs, ils s'emploiraient à pousser aux discussions intempestives de nature à maintenir les alarmes et à justifier les armements hostiles. Il est regrettable que nos ministres n'aient pas le moyen de les réduire au silence.

VII

Il n'est pas permis en pareille matière de s'en tenir à des généralités commodes. On n'a le droit d'être écouté, en un sujet depuis si longtemps exploré, que si on donne à ses propositions une forme pratique. Je résume donc mes idées, dans le projet de loi suivant:

Article premier. Il n'y a pas de délits de presse. La presse n'est qu'un moyen de plus, de commettre les délits de droit commun. Les délits commis par la presse seront jugés, comme tous les autres par les tribunaux de police correctionnelle.

Article 2. Tout Français, majeur, jouissant de ses droits politiques, peut publier un journal, sans aucune autorisation ni cautionnement, à la seule condition de se conformer aux lois et règlements de police sur l'imprimerie.

Article 3. A la suite de l'Article 60 du Code pénal seront insérés deux articles complémentaires, ainsi conçus :

60 *bis*. Quiconque, soit par des discours, des

cris ou menaces proférés dans des lieux ou réunions publics, soit par des écrits, des imprimés, des dessins, des gravures, des peintures ou emblèmes vendus ou distribués, mis en vente ou exposés dans des lieux ou réunions publics, soit par des placards ou affiches exposés au regard du public, aura provoqué directement l'auteur ou les auteurs de toute action qualifiée crime ou délit à la commettre, sera réputé complice et puni comme tel.

Les imprimeurs ne pourront être considérés comme complices par le simple fait matériel de l'impression. Ils pourront être poursuivis comme auteurs principaux du délit, si le journal n'est pas signé.

60 *ter*. Quiconque aura, par l'un des moyens énoncés en l'article précédent, provoqué directement à commettre un ou plusieurs crimes, sans que ladite provocation ait été suivie d'aucun effet, sera puni de l'interdiction des droits politiques pendant un temps qui ne pourra être de moins d'un an ni excéder cinq années, et d'une amende qui ne pourra être au-dessous de 50 fr. ni excéder 6,000 francs.

Quiconque aura, par les mêmes moyens, provoqué directement à commettre un ou plusieurs délits, sans que ladite provocation ait été suivie d'aucun effet, sera puni de l'interdiction des droits politiques pendant un temps qui ne pourra être de moins de trois mois ni excéder deux années, ou d'une amende de 30 francs à 3,000 francs.

L'apologie publique des faits constituant des crimes ou des délits sera considérée comme une provocation directe à les commettre.

ARTICLE 4. Les articles 367, 368, 369, 370, 371, 372 du Code pénal sont rétablis, ainsi qu'il suit :

367. Toute expression outrageante, terme de mépris ou invective qui ne renferme l'imputation d'aucun fait, est une injure.

Lorsque l'injure est adressée à une personne exerçant des fonctions publiques, elle constitue un outrage.

Toute allégation ou imputation relative à la vie privée, qu'elle soit vraie ou fausse, injurieuse ou non, qu'elle ait ou qu'elle n'ait pas causé de dommage, qu'elle ait été faite avec ou sans intention de nuire, est une atteinte à la vie privée.

Toute allégation ou imputation fausse d'un fait relatif à la vie privée ou à la vie publique, qui porte atteinte à l'honneur ou à la considération de la personne ou du corps auquel le fait est imputé, est une calomnie.

368. Toute injure faite, soit par des discours, des cris ou des menaces proférés dans des lieux ou réunions publics, soit par des écrits, des imprimés, des dessins, des gravures, des peintures ou emblèmes vendus ou distribués, mis en vente ou exposés dans des lieux ou réunions publics, soit par des placards et des affiches exposés aux regards du public, sera punie par les tribunaux correctionnels d'une amende de 50 francs à 2,000 francs.

369. Tout outrage fait à l'aide d'un des moyens indiqués dans l'article 368 sera puni par les tribunaux correctionnels de l'interdiction des droits politiques de un an à deux ans et d'une amende de 50 francs à 4,000 francs, ou de l'une de ces deux peines seulement, selon les circonstances.

370. Toute atteinte à la vie privée faite à l'aide d'un des moyens indiqués dans l'article 368 sera punie par les tribunaux correctionnels d'une amende de 1,000 à 10,000 francs. La publicité des débats par la voie des journaux est interdite. Le jugement seul pourra être publié.

371. Toute calomnie faite à l'aide d'un des moyens indiqués dans l'article 368 sera punie par les tribunaux correctionnels d'une amende de 1,000 francs à 10,000 francs et de l'interdic-

tion des droits politiques d'un an, lorsqu'il s'agira d'un simple particulier; et d'une amende de 2,000 francs à 20,000 francs et de l'interdiction des droits politiques de deux ans à cinq ans, lorsqu'il s'agira d'une personne exerçant une fonction publique.

Dans les deux cas, l'inculpé sera admis à prouver la vérité des faits par toutes les voies ordinaires, sauf la preuve contraire par les mêmes voies. La preuve des faits imputés met l'auteur de l'imputation à l'abri de toute peine.

372. Le ministère public ne pourra poursuivre d'office pour injure, outrage, atteinte à la vie privée, calomnie, que sur la plainte de l'individu ou du corps lésé.

Article 5. Au livre second, au titre quatrième du Code d'instruction criminelle sera ajouté un chapitre VIII, ainsi conçu : *De la manière de procéder dans le cas d'une plainte en calomnie.*

524 *bis*. Le prévenu qui voudra être admis à prouver la vérité des faits imputés devra, dans les huit jours qui suivront la citation de la partie civile ou celle du ministère public, outre l'augmentation d'un jour par 5 myriamètres de distance, faire signifier au ministère et au plaignant, au domicile par lui élu, ou, à défaut d'élection de domicile, au greffe du tribunal :

1° Les faits articulés desquels il entend prouver la vérité;

2° La copie des pièces dont il entend faire usage, sans qu'on soit obligé de les faire timbrer on enregistrer pour cet objet;

3° Les noms, professions et demeures des témoins par lesquels il entend faire sa preuve.

Cette citation contiendra élection de domicile près du tribunal; le tout à peine d'être déchu du droit de faire la preuve.

524 *ter*. Dans les huit jours qui suivront les significations du prévenu, la partie civile, ou, à son défaut, le ministère public, sera tenu de faire signifier au prévenu, au domicile par lui élu :

1° La copie des pièces dont elle entend faire usage, sans qu'elle soit obligée de les faire enregistrer ou timbrer pour cet objet;

2° Les noms, professions et demeures des témoins par lesquels elle entend faire la preuve contraire, le tout également sous peine de décəɐp uoéhe la preuve.

524 *quater*. Le plaignant pourra toujours faire entendre des témoins qui attesteront sa moralité. Les noms, professions et demeures de ces témoins seront notifiés au prévenu ou à son domicile un jour au moins avant à l'audience.

Le prévenu ne sera point admis à faire entendre des témoins contre la moralité du plaignant.

ARTICLE 6. Lorsque la guerre aura été déclarée ou qu'à la suite de troubles intérieurs l'état de siège aura été décrété, ou lorsqu'en dehors de ces deux cas, une loi aura prononcé d'une manière générale qu'il y a péril public, la presse sous toutes ses formes, livres, publications périodiques ou quotidiennes, brochures, revues, journaux, dessins, affiches, sera soumise à l'autorité discrétionnaire du gouvernement. Aucune publication ne pourra se faire sans une autorisation préalable, et toutes les publications pourront être suspendues ou supprimées par simple décret.

ARTICLE 7. Le gouvernement, même en dehors des cas prévus par l'article précédent, pourra interdire pour un temps, par un décret, la discussion d'un sujet militaire ou de politique étrangère.

La contravention sera punie de l'interdiction des droits politiques pendant dix ans et d'une amende de 10,000 francs.

ARTICLE 8. Une loi sera faite pour assurer la fidélité et l'impartialité du compte-rendu, dans les journaux, des débats législatifs et judiciaires.

Article 9. Les droits de poste et autres droits fiscaux sur les livres, brochures, journaux et publications quelconques seront fixés par les lois de finance.

Article 10. La loi du 29-30 juillet 1881 est abrogée.

DE LA MÉTHODE POLITIQUE

DE LA MÉTHODE POLITIQUE

Il y a une méthode en politique, comme dans les sciences. Seulement la méthode scientifique, acceptée d'un commun accord, pratiquée par les esprits les plus divers, est au-dessus de toute contestation. La méthode politique n'a été déterminée que par quelques grands esprits, et elle a été rarement respectée. Presque toujours elle a eu à se débattre contre une pratique révolutionnaire, exclusive de toute donnée de bon sens.

Substantiellement, les préceptes sont les mêmes au gouvernement et dans l'opposition : mais ils se présentent sous un aspect divers, dans l'une ou l'autre de ces situations.

Au gouvernement, la décision est la première qualité qu'exige la méthode rationnelle. Elle proscrit les oscillations d'une idée à l'autre, et plus encore l'arrêt dans la pusillanimité décevante des partis moyens. Quel que soit le parti auquel on se soit arrêté après mûre réflexion, des objections graves, parfois insolubles, surgiront. L'homme d'État ne s'en inquiète pas. Dès qu'il a découvert ce que les jurisprudents de Rome appelaient *la raison de décider*, il s'y attache invinciblement et suit, sans se laisser troubler, la direction adoptée, « imitant en ceci les voyageurs, qui, se trouvant égarés en quelque forêt, ne doivent pas errer en tournoyant, tantôt d'un côté, tantôt de l'autre, ni encore moins s'arrêter en une place, mais marcher toujours le plus droit qu'ils peuvent vers un même côté; car, par ce moyen, s'ils ne vont justement où ils désirent, ils arriveront au moins à la fin quelque part où vraisemblablement ils seront mieux qu'au milieu d'une forêt (2). »

Toutefois, ce n'est pas manquer de décision que de procéder sans hâte même dans les réformes utiles, de résister aux chimères, de ne pas poursuivre deux desseins importants à la fois, de tenir largement compte des habitudes, des traditions, des préjugés, de ne détruire que lorsqu'il est absolument impossible de transformer, de ne pas se piquer de devancer l'opinion

(2) Descartes.

publique, de n'avancer qu'éperonné par elle, afin d'être assuré qu'on obéit à une volonté sérieuse et non à un caprice, de ne pas adopter un parti à l'étourdie sans s'être préalablement arrêté dans une hésitation méditative.

Bien connaître la pensée publique est donc une des nécessités primordiales de tout gouvernement. Aussi n'est-il pas de pratique plus condamnable que l'intervention violente ou corruptrice, dans l'exercice du droit électoral. Mieux vaudrait fermer les comices. De toutes les hypocrisies, celle de la liberté est la plus odieuse et la moins sûre. On finit par croire soi-même aux scrutins frelatés, on s'avance avec confiance et, à l'heure des revers, quand on regarde autour de soi, on ne trouve plus personne. « La nation a changé ! » s'écrie-t-on alors. Pas du tout, elle a retrouvé son franc-dire.

Les journaux sont, autant que les élections, des signes de l'opinion publique, dont il faut tenir compte, dans la mesure de la capacité intellectuelle et morale de ceux qui les rédigent. Cependant il est dangereux de s'y asservir et de ne pas savoir les ignorer, les dédaigner ou les braver.

D'une manière générale, est indigne du titre d'homme d'État quiconque n'est pas insensible à l'éloge plus encore qu'à l'injure. « Ne me louez pas, disait le cardinal Antonelli, à un ami qui admirait la beauté d'une de ses dépêches ; car, si je me laisse aller au plaisir d'être loué, je résisterai mal à la crainte de ne l'être plus. » En effet, l'applaudissement est le premier degré du terrorisme : par cela qu'il peut être retiré, il contient une menace.

L'esprit d'exclusion, d'intolérance, de rancune, signe de médiocrité, n'est pas moins contraire à la saine méthode. Henri IV avait confié la direction de ses affaires étrangères à Villeroy, un des Ligueurs les plus fougueux. Les registres du Parlement portaient beaucoup de décrets injurieux pour sa personne ; il chargea Pierre Pithou et Loisel d'enlever les feuillets sur lesquels ils avaient été inscrits, et il voulut que « chacun restât en sa place, comme s'il n'avait pas été partialisé. » Robespierre a pu déclarer que « depuis Clovis jusqu'au dernier des Capétiens, l'anarchie a régné en France (1) ». Les véritables chefs d'État répèteront avec Napoléon : « Je ne me sépare pas de mes prédécesseurs ; depuis Clovis jusqu'au Comité de Salut public, je me tiens solidaire de tout ; et le mal qu'on dit de gaieté de cœur contre les gouvernements qui

(1) Discours du 10 mai 1793.

m'ont précédé, je le considère comme dit dans l'intention de m'offenser (1). »

On n'est pas un gouvernement lorsque, asservi aux étroitesses sectaires, on procède à la distribution des emplois comme à un partage de dépouilles. Il arrive ainsi que, peu à peu, tous les incapables se trouvent dedans et tous les capables dehors : ce qui n'accroît, ni le respect, ni l'autorité, ni la stabilité.

Une autre erreur non moins dommageable est de confondre la vigueur avec la violence. La violence est, autant que la faiblesse, éloignée de la vigueur. L'art n'est pas de frapper fort, mais de frapper longtemps de même. Les violents crient, menacent, insultent, emprisonnent, déportent, tuent, puis les voilà tout à coup essouflés, et, ainsi qu'une main qui a serré trop fort un objet perd la faculté d'en tenir aucun, eux, après avoir tout tendu outre mesure, ils lâchent tout; de la fausse énergie ils passent à la fausse douceur, et ils glissent sans dignité de la brutalité dans la débonnaireté. La vigueur est modérée mais impertubable, sans intermittence, d'une allure égale, aussi entière à la fin qu'au commencement; elle tient toujours, parce qu'elle n'a jamais serré trop fort.

(1) Lettre à son frère Louis.

II

Dans l'opposition, la méthode rationnelle consiste à respecter l'ordre légal, fût-il d'origine illégitime, et, si ce n'est dans le cas où une extrême oppression justifie la révolte, de ne demander le retour au droit qu'à l'action régulière des lois existantes. Voilà pourquoi l'Église reconnaît successivement dans tous les pays les gouvernements de fait, dès qu'ils ont un aspect régulier, sans s'inquiéter de la manière dont ils se sont établis.

Pour accommoder cette nécessité de la conservation sociale avec les scrupules de la conscience, les jurisconsultes anciens avaient imaginé une fiction par laquelle le souverain dépossédé, roi, peuple ou sénat, ratifiait d'avance les actes de l'usurpateur, afin de conjurer le bouleversement que produirait dans ses États l'absence de toute loi (1).

L'Église s'est tirée autrement de la difficulté. Elle a spécifié, dans une constitution de

(1) Grotius, lib. I, cap. IV, § 15, n° 1.

Clément V, rendue dans le Concile général de Vienne, que la reconnaissance de fait n'entraîne pas une consécration de légitimité (*illa ipsum approbare non intelligatur aut quidquam ei tribuere novi juris*). La conduite de Pie VII envers Napoléon (1), la reconnaissance de Louis-Philippe en France et d'Isabelle en Espagne, ayant paru jeter quelque obscurité sur cette doctrine, Grégoire XVI, théologien consommé, la reprit et la confirma dans la constitution *Sollicitudo*, (7 août 1831), qui, placée sous la menace du courroux de Dieu et des bienheureux Pierre et Paul, a les caractères d'une définition dogmatique. Dès lors, il est certain que lorsqu'un Pape traite avec un personnage constitué en une dignité gouvernementale quelconque, lorsqu'il le reconnaît et lui donne le titre dont il est en possession, il n'entend pas rendre légitime, au détriment de ceux qui

(1) M. le duc de Broglie, dans sa forte et éloquente étude sur le Concordat, établit d'une manière irréfutable (p. 47) que Pie VII n'avait pas le droit de *prononcer* la déchéance de la maison de Bourbon, que c'eût été la résurrection du fameux droit de déposer les souverains et de délier leurs sujets du serment de fidélité. Aussi n'ai-je pas prêté à Pie VII une telle volonté. J'ai dit, non qu'il *prononça* la déchéance de la maison de Bourbon, mais qu'il la *confirma*, qu'il la *reconnut*. (Voy. mon *Manuel de Droit ecclésiastique*, pp. 514 et 516; et mon *Concile du Vatican*. t. I, p. 113.)

le contestent, le fait qu'il a reconnu dans l'intérêt exclusif du salut des âmes (1).

Deux autres règles ne sont pas moins fondamentales, l'une relative à ce qu'on demande, l'autre à la manière dont on le demande.

On doit rejeter ces programmes prétentieux

(1) Nullum ex actibus, ordinationibus et conventionibus id generis jus iisdem attributum, acquisitum, probatumque sit, ac nullum adversus cœterorum jura et privilegia ac patronatûs discrimen, jacturæque et commutationis argumentum illatum censeri possit ac debeat : quam quidem de jurium partium incolumitate conditionem pro adjecta actibus istius modi habendam semper esse edicimus, decerminus, et mandamus, illud iterum nostro ac Romanorum Pontificum successorum nostrorum nomine denunciantes, in hujusmodi temporum, locorum personarumque circumstantiis ea tantum quæri, quæ Christi sunt, atque unice, veluti susceptorum consiliorum finem, ea ad oculos versari, quæ ad spiritualem æternamque populorum felicitatem facilius conducant.

On n'a point assez noté l'importance capitale de cette constitution. Elle implique la renonciation de la papauté à une partie de la théorie du pouvoir indirect, celle de l'arbitrage entre les souverains et les sujets. Pourquoi la papauté se défend-elle d'approuver, lorsqu'elle reconnaît? Parce que, pour reconnaître, il suffit de constater un fait palpable ; tandis que, pour approuver, elle devrait se livrer à un examen juridique, juger le différend entre le gouvernement et ses sujets, entre celui qui a triomphé et celui qui a été vaincu, et prononcer entre eux, c'est-à-dire exercer un acte de ce pouvoir indirect qu'elle considère comme un anarchaïsme périlleux. (Voy. la déclaration explicite à ce sujet de Pie IX dans mon *Concile du Vatican*, t. II, p. 373 ; et, sur le pouvoir indirect, t. Ier, p. 45.)

et vagues qui, embrassant toutes les questions, ne sont efficaces sur aucune. La revendication doit être limitée, précise, réduite à ce qui forme clef de voûte, ne sacrifiant pas le progrès modeste mais possible à la poursuite inquiète d'un idéal actuellement irréalisable. Tout ou rien n'est pas un axiome de la politique. En mainte circonstance, on est tenu de s'accommoder au moindre mal ; car, selon la spirituelle expression du cardinal Guibert, « mieux vaut le radeau que le fond de l'eau ».

Seulement, plus la demande est modérée, plus il faut s'y acharner, ne pas s'en laisser distraire, ne pas se décourager des premiers échecs, ni s'impatienter des retards. *Sustine dilationes Dei*. Ce sont les défaites supportées sans faiblesse qui conduisent à la victoire.

De même que la fermeté, ennemie des partis moyens, est une des vertus essentielles des gouvernements, l'obstination est la première qualité des opposants. Caton d'Utique la poussait, lorsqu'il voyait que le peuple allait adopter une décision funeste, jusqu'à parler tout un jour. L'arrachait-on de la tribune, aussitôt libre il y remontait. Enfin, pour s'en débarrasser, le tribun Tribonius ordonna une fois qu'on le conduisît en prison : il continua sa harangue en marchant, suivi par la foule qui l'écoutait. Mieux vaut cette féroce persévérance que les mollesses qui paraissent de l'habileté et ne sont que de la défaillance.

Le succès ne doit pas être demandé à une discussion révolutionnaire, c'est-à-dire injurieuse, violente, débordée, tout en fanfaronnades, en sarcasmes, en bravades, en gros mots bien plus qu'en raisons. On n'a jamais assez de véhémence contre les choses, on en a toujours trop contre les personnes. La défense de la vérité n'exige pas qu'on piétine qui que ce soit, même celui qui a failli. Néanmoins, quand on se trouve aux prises avec les insolences de la domination, mieux vaut la vaillance des emportements que l'abaissement des génuflexions. « Tout ce qui est fait courageusement est toujours fait honorablement, au temps où la justice est morte (1). »

On n'a jamais désarmé personne par le silence. En 1793, tant que les victimes allèrent au supplice en moutons, les bourreaux ne furent pas gênés; du jour que la Du Barry s'y fit traîner en hurlant, la réaction de la pitié commença.

Quelques observateurs avisés conseillent encore, soit au gouvernement, soit dans l'opposition, de se garder d'être généreux et de n'avoir

(1) Montaigne.

pas l'âme trop fière. On ne pardonne pas aux généreux l'humiliation du bienfait qu'ils accordent, et ils périssent. Les portes du succès sont basses, et on ne les franchit pas quand on se tient droit. Se courber est la condition impérieuse pour arriver à la faveur publique (1). Peut-être, en effet, le conseil est-il utile à suivre; toutefois, je ne me décide pas à l'admettre parmi les règles de la sagesse politique.

III

De 1815 à 1870, les gouvernements n'ont manqué à la méthode, ni par excès de précipitation à innover, ni par esprit de rancune et d'exclusion. Sauf à de courts moments, ils ont en général été accessibles et tolérants. Les Bourbons ont respecté la législation de Napoléon,

(1) Guizot à Victor de Broglie: « Il faut que nous fassions, pour arriver jusqu'au public, comme le chat pour passer sous les portes: se baisser et s'amincir, c'est la condition *sine qua non*. Je m'en ennuie souvent, je m'en irrite quelquefois, et pourtant j'aime mieux la subir que de renoncer à l'action. Je garde la pleine liberté et la fierté solitaire de la pensée pour le repos de ma vieillesse. » *(Guizot,* par Me de Witt, p. 135.)

les d'Orléans ont ramené ses cendres, et les uns et les autres ont employé ses serviteurs. Le tort de ces gouvernements a été de ne s'être pas montrés assez décidés soit à accorder, soit à refuser, de n'avoir pas saisi le point précis où la résistance devient excessive et où la concession anime, au lieu de désarmer. C'est sous le coup de l'émeute, que Charles X a retiré les Ordonnances entre les mains de Casimir Périer. C'est sous la pression de la garde nationale criant : « Vive la réforme! » que Louis-Philippe s'est résigné à la réforme électorale, refusée tant que la revendication n'était pas sortie de l'enceinte législative. Or, il n'est pas de faute plus lourde que de concéder à la menace ce qu'on n'a pas accordé à la réclamation modérée. Céder parfois, oui. Capituler, jamais.

IV

Les oppositions n'avaient d'abord tenu aucun compte des prescriptions de la méthode rationnelle. En France, sous Louis XVIII existait une charte suffisamment large et qui l'était devenue plus encore, sous Louis-Philippe. Au lieu de s'en servir loyalement et de la développer, les opposants s'étaient jetés dans les complots militaires, dans les sociétés secrètes. En Pologne, le généreux Alexandre avait accordé aux Polonais une réelle autonomie ; ils auraient pu en tirer un réveil durable de leur vie nationale, ils avaient préféré préparer des insurrections. En Piémont, un prince incertain, il est vrai, mais patriote et animé du désir d'affranchir l'Italie de la domination de l'Autriche, Charles-Albert, ne demandait qu'à être encouragé, soutenu, poussé : la jeune Italie l'avait poursuivi de soupçons, de complots. En Hongrie, un droit historique fortement établi offrait les moyens de récupérer les anciennes franchises abolies : on n'y avait pensé cependant qu'aux résistances irréconciliables.

L'exil, la prison, la mort, un redoublement de servitude, furent la conséquence de cette tactique révolutionnaire. Éclairés par cette expérience, en France d'abord, puis successivement ailleurs, des hommes tels que Benjamin Constant, Armand Carrel, Lamartine, Thiers, Carnot II, Cesare Baldo, Gioberti, d'Azeglio, Deak, conseillèrent de renoncer aux conspirations et de les remplacer par une opposition légale, constitutionnelle qui poursuivrait l'accord avec les princes, non leur renversement.

De ce moment l'opposition compta autant de victoires qu'elle avait jusque-là éprouvé de défaites. En France, deux gouvernements ayant refusé d'écouter à temps ses conseils, devinrent la proie des révolutionnaires, qui, jusque-là n'avaient pu les entamer. L'Italie conquit l'indépendance et l'unité; la Hongrie, l'autonomie. Seule, la Pologne, s'entêtant à la pratique révolutionnaire, malgré les efforts du clairvoyant Wielopolski, est restée dans le tombeau aux deux tiers germanique, d'où elle ne sortira qu'en prenant la main slave de la Russie.

Recherchons maintenant comment, chez nous, opposition et gouvernement ont pratiqué la méthode depuis 1870.

V

Les hommes qui, en 1870, se sont emparés du pouvoir et qui l'ont repris après une courte dépossession sont les irréconciliables de 1869. A cette époque, ils ont pompeusement décrit, au peuple qu'ils voulaient capter, les beautés de la Salente dans laquelle ils lui promettaient de l'introduire. Cette république idéale, toute resplendissante de pureté, de désintéressement et de justice, serait fondée sur les assises suivantes :

Une assemblée unique, nommée par le suffrage universel libre de toute pression officielle;

Un chef du pouvoir exécutif, placé sous la main de l'assemblée souveraine, révocable, responsable, selon la maxime de Carnot Ier « que la responsabilité est de droit naturel à l'égard de tous ceux qui sont chargés des affaires de l'État (1) »;

Pas d'armées permanentes, des milices nationales;

Plus de magistrature inamovible, des juges élus;

Plus d'impôts indirects, un impôt unique sur le revenu;

Séparation de l'Église et de l'État et, comme conséquence, suppression du budget des cultes;

L'égalité sociale dans les faits, comme dans les lois.

Aucune voix ne s'éleva alors, dans le parti républicain, contre de tels projets. Seuls, les

(1) Au Comité du Salut public, 12 germinal an II.

hommes indépendants et impartiaux, — et je m'honore d'avoir été de ce nombre, démontrèrent qu'il n'est pas un seul de ces articles qui ne constitue une erreur. Ils dirent :

« Tout ne doit pas être accordé à la force d'impulsion ; une part doit être faite à la force de résistance : le progrès n'est assuré que s'il est la résultante naturelle de cette double action. Sans doute, les assemblées uniques ne sont pas nécessairement hostiles à l'esprit de stabilité ; souvent elles l'ont servi avec courage ; quelquefois néanmoins, subissant la « tyrannie du peuple », dont la nature est, selon la remarque de Montesquieu, « d'agir par passion », elles ont subordonné les intérêts permanents aux entraînements passagers. Il est désirable alors qu'une seconde assemblée, plus maîtresse d'elle-même et moins soumise aux influences du jour, empêche ou tout au moins ralentisse les mouvements précipités ou irréfléchis. Une seconde chambre, composée de tous ceux qui se sont illustrés dans les carrières civiles ou militaires, serait utile, même si elle n'avait que l'effet d'habituer au respect une société qui ne s'est pas toujours rappelé assez combien le culte du passé rend un peuple digne des bonnes fortunes de l'avenir.

« Un orchestre ne fonctionne pas sans un chef, un navire sans un pilote, un attelage sans un cocher, une usine sans un patron, une ferme sans un maître. Que voulez-vous que devienne un État sans un conducteur assuré d'une sérieuse stabilité, indépendant, armé du droit d'initiative et de résistance? C'est plus nécessaire en démocratie que sous tout autre régime. Plus une sphère se meut rapidement, plus elle doit être fixée à un pivot immobile. Or ce pivot immobile ne peut être fourni que par l'hérédité ou par l'élection directe du peuple, et non par les votes mobiles d'une assemblée.

« Autant vaudrait mettre nous-même le joug de l'étranger sur notre tête, que de détruire les armées permanentes. Les milices sont une amusette périlleuse, interdite aux peuples menacés par des voisins cupides d'agrandissement ou de primauté. L'armée permanente est, en outre, une admirable école d'égalité, un instrument tout-puissant de paix sociale. Agissant comme une pompe aspirante et foulante, elle va prendre dans la chaumière, d'où il ne serait jamais sorti, où il aurait vécu avec ses préjugés et son ignorance, l'homme des champs ; elle l'amène dans les grandes villes, elle le met en contact avec la civilisation, elle ouvre ses yeux, elle dilate son intelligence, elle introduit dans son cœur des sentiments inconnus de délicatesse et d'honneur, elle lui découvre des horizons qu'il n'aurait jamais entrevus; et quand, plus tard, il rentre dans ses foyers, avec une âme en quelque sorte nouvelle, il communique à d'autres les enseignements qu'il a recueillis : et ainsi l'unité se fait dans la nation.

« Une élection professionnelle du juge n'a rien d'inacceptable, car il est vraiment d'une pratique despotique d'abandonner sans contrôle à un ministre le pouvoir d'instituer seul toute la magistrature d'un pays. Nous concevons qu'on place le concours à l'entrée de la carrière, et, dans une certaine mesure, pour l'avancement; qu'on confère aux Compagnies le droit de dresser des listes de présentation et de désigner les présidents; qu'on attribue à toutes les Cours d'Appel le privilège de proposer les candidatures aux charges de conseillers à la Cour suprême. Nous ne repousserions pas même le système plus large qui constituerait dans chaque province judiciaire un corps juridique électoral qui, à des conditions déterminées, élirait les magistrats du ressort. Ce serait de la bonne décentralisation. Nos maîtres nous ont enseigné que la politique devait être séparée de la justice.

Certainement, tant que le juge est la créature du pouvoir. Non, quand il est l'élu des citoyens. Dans ce dernier cas, loin d'être écarté de la politique, il devrait, comme aux Etats-Unis, « en être constitué l'arbitre et le régulateur ». C'est à lui qu'appartiendrait la mission auguste de maintenir la règle immuable du juste, intacte au dessus des emportements de la passion et de la violence des partis. Voilà qui serait grand, utile, original. Mais que le bon génie de la France la préserve d'une magistrature élue par le suffrage universel anarchique, qui nous abêtit déjà de tant de manières. Un tel système, — l'expérience en a été faite en France pendant la Révolution et elle se continue en Amérique, — ce serait l'ignorance et la simonie. Le jugement par les dés de Bridoison serait préférable.

« L'idée de l'unité de l'impôt est fausse. Il y a bien plus de sécurité, dans le partage de la contribution sociale en impôts divers. Chacun d'eux est moins lourd, ne pèse pas sur les mêmes personnes; l'insuffisance momentanée de l'un est compensée par le rendement plus favorisé de l'autre. Une foule de petits ruisseaux, qui ne tarissent jamais à la fois, valent mieux qu'un fleuve unique exposé à décroître tout entier dans son cours. Quant à l'impôt sur le revenu, il n'est pas à établir : la plupart de nos impôts portent sur les revenus. Notre supériorité sur les autres peuples est de n'avoir pas donné, pour mode d'établissement à des impôts de cette nature, l'inquisition personnelle. La Constituante n'a pas voulu souiller l'ordre nouveau, de cette tâche. Elle déclara fermement : « que les principes, les droits, les lois et les mœurs, proscrivent toute espèce d'inquisition (1). Les Anglais et les Américains qui sont soumis à cet intolérable procédé envient nos institutions financières. Ne serait-il pas déraisonnable d'y renoncer? Ou l'impôt unique sur le revenu serait une surcharge, ou il remplacerait les autres impôts. Dans le premier cas, il violerait le proverbe du bon sens populaire qui défend de tirer deux moutures du même sac; dans le second cas, il ressusciterait l'arbitraire fiscal, une des causes principales de la Révolution française. Quoi qu'on fasse, un système d'impôt est défectueux et par quelque côté inique. Le meilleur donc est celui qui existe et auquel le public a été habitué par un long fonctionnement.

« La séparation de l'Église et de l'État est déjà consommée dans tout ce qu'elle a de praticable.

(1) Instruction sur les contributions publiques.

La législation civile, indépendante de celle de l'Église, est sécularisée. Le clergé ne forme plus un ordre privilégié dans l'État. La liberté de conscience et des cultes est reconnue. Le crime d'hérésie est supprimé. Nul ne peut être inquiété pour ses opinions religieuses. Dans le mariage on ne considère plus que le contrat. La tenue des actes de l'état civil est confiée à des officiers laïques. Si néanmoins le budget des cultes subsiste encore, c'est moins par une inconséquence que parce que le maintien ou la suppression du budget des cultes ne dépend nullement de l'admission ou du rejet du système de la séparation de l'Église et de l'État. Il est des pays, comme la Russie, où, quoique l'Église et l'État soient étroitement unis, il n'y a pas de budget des cultes. Dans d'autres, au contraire, chez lesquels l'Église et l'État sont séparés, tels que la Belgique et la Prusse, le budget des cultes existe.

« Le budget des cultes se rattache à deux idées, étrangères à la théorie de la séparation : la première, qu'un État doit payer ses dettes ; la seconde, qu'il doit pourvoir à tout intérêt social dont l'action libre de l'individu ou de l'association n'assure pas le fonctionnement régulier. En effet, d'une part, la Constitution de 1791 a proclamé que, sous aucun prétexte, les fonds nécessaires à l'acquittement de la dette nationale ne sauraient être refusés ou suspendus, et elle a déclaré que les traitements du clergé font partie de la Dette (1). D'autre part, quelle dépense est d'un intérêt social plus capital, que celle des frais du culte et de l'entretien de ses ministres? Comprendrait-on qu'une partie de la contribution publique fût employée à assurer à des danseuses et à des chanteurs des traitements plus considérables que ceux d'un premier ministre ou à doter des écoles des beaux-arts, de musées, de bibliothèques, de chaires de science et de littérature, et qu'on n'accordât rien à l'Église qui, pour le grand nombre, est l'école des beaux-arts, le musée, la bibliothèque, le seul lieu où il apprenne qu'il y a quelque chose qu'on appelle la peinture, la musique, l'éloquence, où on lui parle de devoir, de morale, de vertu, où l'on élève un peu sa tête au-dessus de cette motte de terre qu'il retourne chaque jour de sa bêche infatigable et qui, un jour, le recouvrira lui-même?

« L'égalité dans les faits ne peut pas être demandée à une révolution sur la terre. C'est dans le ciel qu'il faudrait la faire ; il faudrait l'escalader et obtenir du Père éternel qu'il

(1) Des Contributions publiques, art. 2.

changeât les choses et les hommes, qu'il nivelât les montagnes dans les plaines et qu'il donnât à tous les hommes le même esprit et le même cœur. L'État ne doit pas rester les bras croisés devant la misère. Il a un devoir de fraternité sociale partout où l'action individuelle ou d'association, à laquelle le champ a été jusqu'ici fermé, se sera démontrée impuissante; mais il est insensé d'en attendre le renversement des fatalités invincibles. »

Voilà ce que nous objectâmes au programme des irréconciliables. Nos remontrances furent vaines. Ils n'écoutèrent pas. Le peuple siffla les faiseurs d'objections et porta en triomphe la démence.

Supposez qu'à leur avènement au pouvoir, ils aient appliqué leurs théories; qu'ils aient institué leur Chambre unique, leur chef du Pouvoir exécutif toujours révocable, leurs milices, leurs juges élus, leur impôt sur le revenu, qu'ils aient dénoncé le Concordat, aboli le salaire du culte : il y a longtemps qu'ils auraient été emportés par un soulèvement du bon sens public et de la force des choses.

Leur bonne fortune permit qu'ils durent accepter une Constitution de la main des conservateurs. Cette Constitution était la négation directe des idées qu'ils préconisaient depuis un demi-siècle, et particulièrement depuis 1869. Elle instituait deux Chambres, un président irresponsable et irrévocable pour sept ans ; elle maintenait l'armée permanente, l'inamovibilité de la magistrature, la nomination des fonctionnaires par les ministres, le système financier de l'Empire, et elle n'établissait aucune égalité dans les faits. Ils protestèrent pour la forme, mais ils s'emparèrent de la Constitution contraire à leurs principes, s'y installèrent, et tout en trouvant que les conservateurs seuls s'entendaient à fabriquer de tolérables républiques, ils les jetèrent à la porte de toutes les fonctions et se les adjugèrent.

Mis en train par le profit qu'ils trouvèrent à cette première résignation, ils s'enhardirent à en avoir d'autres et ils en vinrent au plus éclatant démenti de soi-même qu'aucun parti se soit donné. Avec quelle fougue ils signalèrent les périls d'une Assemblée sans contre-poids, la nécessité d'un Président irrévocable pour un temps, les bienfaits de la stabilité gouvernementale. Avec quelle verve d'indignation ils reprirent ceux qui, fidèles aux programmes abandonnés, parlaient encore de livrer la justice aux passions de la place publique, d'ébranler l'ordre social par un socialisme anarchique, de détruire les armées permanentes, de livrer aux citoyens l'élection des fonctionnaires, de supprimer le budget des cultes et de porter la main sur le pacte pacificateur de Napoléon Ier et de Pie VII! Les hommes sensés d'autrefois n'avaient pas repoussé avec autant de force les doctrines insensées auxquelles ces sages de fraîche date avaient dû leur fortune.

Aussi nous sourions, nous, les remontrants de 1869, quand ils célèbrent leur triomphe. N'est-ce pas plutôt le nôtre? Ils nous invectivent, à la vérité, et nous excluent de leur mieux des assemblées dans lesquelles nous aurions continué leur éducation; mais les idées dont ils vivent sont celles que nous leur avons enseignées, et les erreurs dont ils nous font souffrir proviennent de ce que leur conversion à ces idées n'est point encore assez complète.

Ils ont créé, à l'état permanent, un conflit religieux plus ou moins aigu, suivant les dispositions personnelles de leurs ministres ou les nécessités électorales.

On a commencé par la suspension administrative des traitements, ce qui est un abus de la force, une iniquité sans excuse morale ou juridique. « Je n'ai jamais consenti, a écrit

Carnot II dans le compte-rendu de son ministère des cultes de 1848, à employer contre les récalcitrants la suppression du salaire, *arme peu digne, à mon gré, d'un gouvernement qui a la force morale.* »

De la suppression administrative des traitements, on en est arrivé à un règlement sur les fabriques, animé de l'esprit persécuteur de la Constitution civile du Clergé, qui substitue le percepteur au curé, le préfet à l'évêque, laïcise l'Église après l'école et l'hôpital, et contient, par les précautions sur les quêtes, un outrage sanglant au sacerdoce.

On assure qu'ils méditent d'exiger de tout candidat à l'épiscopat l'engagement de respecter les Lois Organiques. Puisqu'on a frappé le bon et grand archevêque d'Aix, pour avoir écrit que l'Église sur cette terre est *militante,* il ne serait pas surprenant qu'on exigeât des évêques, conformément à l'article 24 des Lois Organiques, d'enseigner les quatre propositions de la Déclaration de 1682, bien que les trois dernières soient devenues hérétiques depuis le concile du Vatican !

Ils ne s'obstineraient pas à ces bévues, s'ils avaient retenu ce que nous leur avons souvent expliqué sur l'absence de lien, entre la théorie de la séparation de l'Église et de l'État et celle du budget des cultes, sur la différence entre le Concordat, — œuvre de liberté, consécration des principes de 1789, — et les Lois Organiques, attirail d'oppression, résurrection de l'ancien régime (1).

(1) Le prince Napoléon ayant critiqué cette idée, je lui répondis (août 1885) : « Mon cher prince, les Lois Organiques contiennent deux dispositions excellentes : la première est celle qui rappelle l'indépendance du pouvoir civil ; la seconde est celle qui laïcise les actes de l'Etat civil ; mais l'indépendance du pouvoir civil est un principe du droit public auquel les Lois Organiques se réfèrent et qu'elles n'introduisent pas, qui existe en dehors d'elles ; la laïcité de l'Etat civil n'est pas davantage subordonnée au maintien des Lois Organiques, puisquelle est dans le code. Toutes les autres dispositions des articles Organiques ne sont que des vieilleries sans portée que les gouvernements n'ont pas osé appliquer, ou qu'ils n'ont appliquées que d'une manière intermittente, en se couvrant chaque fois de ridicule.

« Dans l'œuvre civile de votre oncle, il y a eu deux parties : l'une qui l'a rendu immortel, c'est l'organisation des principes féconds de la Révolution ; l'autre, qui l'aurait rendu petit, si un tel homme avait pu le devenir, c'est sa résurrection archaïque de certaines institutions de l'ancien régime et ses réminiscences de Charlemagne. Les Lois Organiques se rattachent à cette partie blâmable et à jamais finie de l'œuvre napoléonnienne.

« La direction des sociétés nouvelles n'appartiendra plus à ceux qui ne savent leur proposer que des formes épuisées. Dans les relations de l'Eglise et de l'Etat, pas plus que dans celles de l'Etat et des citoyens, le passé ne recommencera. A des temps nouveaux il faut des formes nouvelles. La théocratie ne revivra pas plus que le régalisme. L'indépendance complète de l'Eglise et de l'Etat, voilà ce qui sera. Et la nouveauté sera bien consi-

L'ignorance seule peut expliquer comment, dès que le clergé ne forme plus un ordre privilégié, que les lois ecclésiastiques ne sont plus obligatoires civilement, on persiste, au nom de l'État, à intervenir par des lois, décrets, ordonnances, arrêts, circulaires, dans l'administration des biens, dans la discipline, dans la vie intérieure de l'Église, depuis le cimetière jusqu'au tabernacle, depuis l'enfant de chœur et le sacristain jusqu'aux pasteurs de premier ordre (2). Le comité ecclésiastique de l'assemblée républicaine de 1848 avait, à l'unanimité, exprimé le vœu de rapporter les Lois Organiques. Loin de les rapporter, on les aggrave et on y ajoute. C'est une véritable félonie intellectuelle de la part d'hommes qui, en principe, se déclarent partisans de la séparation de l'Église et de l'État.

dérable, puisqu'un esprit aussi éminent que le vôtre signale une adhésion à la théocratie dans un système qui en est la négation radicale. Il me semle que vous commettez au rebours l'erreur de certains théologiens. Dès qu'ils n'oppriment plus l'Etat, ils se déclarent persécutés. Parce que je restitue à l'Eglise sa liberté légitime, vous vous écriez que l'Etat est menacé. Votre reproche est injuste. L'Etat sera d'autant plus libre et omnipotent, qu'il ne se mêlera plus de ce qui ne le regarde pas. »

(2) *Cas de conscience de Mgr Parisis*, livre à réimprimer et à propager.

Le conflit religieux est aggravé par des périls politiques, dont on entend parfois le bruit au fond des apothéoses triomphantes.

Nulle part on ne sent une forte pensée directrice, supérieure aux incidents journaliers, les disciplinant, les conduisant à un but nettement entrevu et persévéramment poursuivi.

La liberté civile de l'individu et de l'association, si largement accordée sous le second Empire, est de plus en plus étouffée par le socialisme d'État, plante parasite sans cesse grandissante.

Une assemblée omnipotente et brouillonne entasse les unes sur les autres des lois mal digérées, encore plus mal rédigées, que les Stendhal futurs ne reliront certes pas pour se mettre en goût de bon style (1).

Le régime parlementaire est chose si nouvelle pour les opportunistes, qu'ils n'en soupçonnent pas les règles élémentaires, celles qui sont et sa raison d'être et la condition de sa réussite.

La principale est la solidarité ministérielle.

Un cabinet, pour être en état de gouverner, d'administrer, de conduire une majorité, doit être fort; il ne peut être fort que s'il est homo-

(1) Stendhal prétendait qu'avant d'écrire, il lisait un article du Code civil.

gène, et il n'est homogène que si les ministres se considèrent comme inséparables les uns des autres, de telle sorte qu'aucun d'eux ne puisse sans déconsidération se soustraire au sort de ses collègues. Le cabinet, c'est toujours tous et chacun. Une démission préalable devrait être l'unique moyen honnête, laissé à un ministre, de dégager sa responsabilité personnelle.

Or, quel principe est moins respecté aujourd'hui? Presque toujours le soin d'organiser un nouveau gouvernement est confié à l'un des membres du cabinet renversé par un vote de la Chambre; de telle sorte qu'un ministère n'est jamais homogène et qu'il compte toujours quelqu'un occupé, dans un coin, à conspirer et à préparer une chute dont il profitera.

Nous avons vu, dans la dernière session, un exemple vraiment fantastique de cette déloyauté. M. Constans, ministre de l'intérieur, avait présidé aux élections et obtenu une majorité qui le suivait en toute occasion. Mais voilà que le chef du cabinet, ministre de la guerre, M. de Freycinet, est atteint par un vote de défiance : le cabinet se retire; un nouveau cabinet se forme ; M. de Freycinet y entre et M. Constans en est exclu.

Et voilà ce qu'ils appellent le régime parlementaire! La discipline de la majorité ministérielle est une condition également essentielle du régime parlementaire.

La majorité donne et retire sa confiance; mais, pendant qu'elle la maintient, son devoir est de suivre docilement son chef, de lui obéir, de ne le gêner ou même de ne le devancer par aucune initiative déplacée.

Or, c'est précisément le contraire qui se pratique. Les propositions les plus subversives de l'ordre légal, en bien ou en mal, transformation de l'impôt, organisation du travail, etc., sont introduites par l'initiative souvent irréfléchie des députés ; et les ministres, qui devraient conduire les réformes aussi bien que le gouvernement, assistent en spectateurs à des votes sur lesquels on ne les consulte parfois que pour les embarrasser.

Et voilà ce qu'ils appellent le régime parlementaire! L'élaboration du budget est le principal objet de l'activité des Chambres. Cependant, c'est surtout dans cette tâche que les opportunistes se montrent insuffisants. Ils en sont encore au mécanisme à la fois bruyant et essoufflé, impuissant et brouillon qui, déjà, au temps du règne orléaniste, avait donné la nausée du parlementarisme.

On nomme une Commission qui fonctionne mystérieusement pendant des mois et qui, couverte par l'ombre du huis clos, trouble les services, empiète sur l'administration, tourmente, exploite, sulbaternise les ministres, leur prépare des successeurs, enfin présente des rapports. Néanmoins, en séance publique tout recommence, et c'est à peine si l'on vote la dette publique en silence. Le premier venu, sans étude et souvent sans conviction, afin de flatter les prétendus désirs d'une prétendue opinion publique, pour faire briller son nom dans le journal du département, propose des augmentations de dépenses après avoir promis ou voté des diminutions de recettes. Et voilà l'œuvre de la Commissien entamée, et l'équilibre en l'air. On s'en tire par quelque emprunt qu'on cache dans des replis non explorés du colossal budget, et le déficit, comme une marée montante, gagne toujours.

L'impôt suit le déficit, il augmente sans cesse. On dissimule le déficit par l'emprunt en sourdine, on cache l'impôt par les dégrèvements. Le procédé est des plus ingénieux : on dégrève ûn peu d'un côté, pour surcharger infiniment plus de l'autre.

L'administration n'est pas plus satisfaisante.

Les fonctions publiques sont généralement données, indépendamment de toute considéraration de justice, aux manieurs heureux d'élections ou aux protégés des députés. Parfois le favoritisme a la main heureuse et fournit de bons fonctionnaires, le plus souvent il élève des non-valeurs et quelquefois pis. De telle sorte que, quand on contemple d'un même regard tant d'hommes éminents, inactifs, et tant d'hommes médiocres s'étalant aux postes illustrés jadis par des talents supérieurs, on se demande si l'on n'est pas à la comédie?

Enfin, ce qui est encore plus grave, la corruption devient une habitude de la vie publique. Pendant bien longtemps, la politique était faite par des hommes de loisir ou par des hommes ayant obtenu un certain crédit dans les professions libérales, dans le commerce, l'industrie, l'agriculture ou les lettres. Mais n'est pas de loisir qui veut, et se créer un renom dans une carrière quelconque est œuvre de longue haleine. Gambetta eut l'idée de tirer de la politique un métier. Ayant réussi, il a fait école, et, à son exemple, de toutes parts, des individus sans ressources, sans emploi, sans clientèle, se sont constitués en une classe de politiciens demandant la fortune à cette nouvelle industrie.

Ils commencent par organiser les élections d'autrui; puis ils s'offrent eux-mêmes aux suffrages. Les voilà à Paris, députés, souvent avec une famille à élever ou à pousser, quelquefois avec une femme avide de plaisirs; à quoi s'ajoutent les frais de correspondance et d'élection. Pour pourvoir à toutes ces charges, 9000 francs! Comment s'en tirer? Les incorruptibles, — et il en est de fort respectables, — montent au sixième étage et vivent de privations et d'économies. D'autres, plus épicuriens, finissent par se persuader que, puisque le prêtre vit de l'autel, le politicien doit vivre de la politique.

Les habiles, sans se compromettre par des chèques ou par des lettres, sont allés tout de suite à ce qui ne laisse pas de traces : des billets de banque, selon une insinuation discrète (1), remis sur la cheminée ou le bureau par le solliciteur qui s'en va. Les imprudents s'en sont tenu aux syndicats de garantie. Quoi de plus naturel

(1) Les moyens en sont multiples. Les statuts de l'Ordre des avocats, par un archaïsme incompréhensible, interdisent à l'avocat de réclamer le salaire de son travail. Voici comment un célèbre avocat, de mon temps, tournait la difficulté. Lorsqu'on lui apportait un dossier sans honoraires, il le renvoyait disant: « Il manque une pièce au dossier! » et l'on comprenait.

et de plus irréprochable en apparence? Une émission est lancée par un établissement de crédit, quelques personnes s'engagent à prendre ce que le public n'aura pas voulu, stipulant en retour une prime si l'opération réussit. Mais si les prétendus garants sont des politiciens, députés ou journalistes sans ressources sérieuses, étrangers aux affaires; ou bien si l'opération, à cause du crédit de l'établissement émetteur, est assurée, il est évident que le risque est fictif et que la prime est un pot-de-vin déguisé. Il n'est même pas sûr qu'il n'en soit pas souvent ainsi, même pour des financiers. Ce n'est pas douteux dans un cas comme celui de l'emprunt de guerre de 1871, par exemple; s'il est vrai, comme je l'ai souvent entendu raconter, que la signature des banquiers garants n'ait été remise à Thiers que le jour même de la souscription publique, à midi, alors que des dépêches arrivées de tous les côtés annonçaient que l'emprunt serait couvert.

Le politicien opère, en province comme à Paris, dans les Conseils généraux et municipaux aussi bien qu'à la Chambre. Tel maire, tel conseiller général ou municipal s'est trouvé tout à coup sans dettes et fort à l'aise, au lendemain de la construction d'un marché ou d'un groupe scolaire, d'un canal ou d'un chemin de fer. La statue que l'on a élevée au Président, déposé pour complaisance à la prévarication, encouragera ces pratiques qui, au surplus, ne paraissent pas déplaire au suffrage universel. L'émoi causé par les marchandages du Panama aura été le dernier gémissement des anciennes mœurs.

Cette absence de direction, cet affaiblissement de l'autorité, ce favoritisme, cette corruption, seraient des exceptions sans importance et non une habitude inquiétante, si l'on s'était conformé aux saines théories dont nous avions été les défenseurs, si l'on avait conservé un pouvoir indépendant et fort, si l'on avait été fidèle aux saines notions de liberté, si l'on avait réduit les assemblées au contrôle financier, au vote des lois, aux directions de principes, en les excluant du gouvernement et surtout de l'administration, si l'on avait mis à la base de la procédure budgétaire l'axiome de la sagesse anglaise : *qu'aucune dépense ne peut être votée que sur la proposition d'un ministre.*

Le parti républicain a dû son succès actuel à la résolution avec laquelle il a abandonné la plupart des principes autrefois proclamés par lui inviolables. Il ne devra ses revers qu'à ce qu'il en retient encore. Se décidera-t-il à jeter aux buissons le reste de la défroque jacobine? Apaisera-t-il le conflit religieux? Arrêtera-t-il la décomposition sociale? Il me suffit de constater ce que lui a valu de forces un retour partiel à la saine méthode et de lui montrer à quelles difficultés il s'expose, en persistant à méconnaître encore quelques-uns de ses préceptes fondamentaux.

VI

L'opposition a-t-elle plus complètement respecté la méthode, que le gouvernement? Nous avons deux espèces d'opposition : l'opposition radicale-socialiste, — car les radicaux purs ne sont que des opportunistes en attente d'une place, — et l'opposition conservatrice.

L'opposition des radicaux-socialistes en est aux programmes. Chaque fois qu'il y a une élection, ils se réunissent autour de la table d'un cabaret ou d'un journal, ils se rappellent toutes les questions dont ils ont entendu parler et ils cousent les unes après les autres une longue série de phrases à effet : il y en a tant, que c'est absolument comme s'il n'y en avait aucune; personne n'y comprend rien, pas même ceux qui les ont rédigées. Cela peut recommencer ainsi, pendant des années, sans qu'il y ait à s'en inquiéter. Heureuse aberration! puisqu'elle nous préserve de ce qui serait vraiment dangereux : une revendication limitée, bien étudiée et clairement motivée, sur laquelle porterait tout l'effort des forces démagogiques.

Les partis à programme général sont voués à l'impuissance ou au ridicule. On ne saurait, en effet, attendre d'une société qu'elle se refasse des pieds à la tête, dans une législature. Réclamer à la fois toutes les réformes, équivaut, à n'en demander aucune. Les partis sérieux se limitent à quelques-unes soigneusement étudiées, et ils ne s'occupent de rien autre tant qu'elles n'ont pas été obtenues. Mais, pour procéder ainsi, il faut travailler, méditer, observer les faits; il est plus aisé de ravir les badauds de la foule en lançant quelques grosses phrases vides.

Le programme radical-socialiste, outre le défaut de trop embrasser, par conséquent de ne rien étreindre, a celui beaucoup plus grave d'être absolument chimérique et néfaste.

Bien que républicain d'instinct et par tradition, je ne me suis pas enrôlé parmi ceux qui ont exclusivement combattu en faveur de la

République, et encore moins parmi ceux qui l'ont systématiquement condamnée. Attacher la prospérité d'un État à l'adoption d'une forme déterminée de gouvernement me paraît aussi peu judicieux que de faire dépendre le succès d'une entreprise industrielle de ce qu'elle sera constituée en commandite ou en société anonyme. La République de Washington vaut mieux que la Monarchie de Louis XV, mais qui préférera la République d'un Robespierre à la Monarchie d'un Marc-Aurèle?

Le gouvernement le meilleur, quelle que soit son étiquette, est celui qui travaille avec le plus de dévouement et d'intelligence à améliorer la situation matérielle et morale des humbles et des déshérités. Il y a plus de quarante ans que je le dis. Et toujours j'ai mis mes actes d'accord avec mes paroles. Personne ne s'est plus occupé de la rédemption populaire, même en se trompant, que je ne l'aie recherché. Je me suis lié avec Le Play aussi bien qu'avec Pierre Leroux, Lamartine et Proudhon ; et je suis allé vers Napoléon III, dès que j'ai été convaincu que, socialiste dans la saine acception du terme, il était prêt à réaliser toutes les améliorations démocratiques.

Mon espérance n'a point été déçue. Ce Souverain, d'une bonté inépuisable et d'un esprit ouvert et élevé, ne m'a refusé aucune des lois que, soit comme député, soit comme ministre, je lui ai demandées dans l'intérêt des classes laborieuses. C'est pourquoi j'ai voué à sa mémoire une fidélité affectueuse.

On lui doit la liberté des grèves, des réunions, des sociétés anonymes, des associations coopératives, l'essor des sociétés de secours mutuels, la fondation des caisses de secours et de retraites, l'égalité du salarié et du patron devant la justice. Au moment où la tempête imprévue a fondu sur nous, nous préparions une représentation du prolétariat, bien plus ample que celle octroyée par la République.

Ayant été socialiste en quelque sorte « avant la lettre », alors que ni le mot ni la chose n'étaient en faveur, un programme socialiste ne m'épouvante pas, et je ressens même pour les erreurs qu'il contient une indulgence que ne m'inspirent, ni les rétrogradations radicales, ni les égoïsmes opportunistes. Il faut qu'une évidence bien impérieuse m'y contraigne, pour que je me décide à condamner absolument les théories socialistes qu'on propose actuellement à l'assentiment des masses.

Mais, ici, la plume est impuissante. Il faudrait

la parole chaude, familière, souple, suppliante, venue du cœur et y allant, pour arrêter les hommes du travail dans la route de perdition sur laquelle des utopistes, certainement bien intentionnés, mais insuffisamment instruits des faits, les poussent, sans voir le gouffre qui est au bout.

Après les expériences de 1848, il paraissait acquis que la liberté du travail et du contrat, mère féconde des puissantes associations, était le véritable moyen de rendre le travailleur assez fort pour imposer à l'avidité du capital la loi d'une juste rémunération. Et, en effet, par la liberté, d'immenses résultats avaient été obtenus; de plus considérables se préparaient; le présent était moins mauvais; l'avenir s'annonçait meilleur; de toutes parts, des penseurs d'élite et des hommes d'action dévoués poursuivaient de concert le combat contre la misère. Malgré les conflits et les plaintes, le jeu naturel de la loi économique, aidé par la bonne volonté générale, transformait le monde industriel, élevait la condition du travailleur, sa dignité, son bien-être. De plus en plus, il devenait manifeste que le caractère vrai des rapports entre le capital et le travail est l'harmonie et non l'hostilité, le concours et non l'antagonisme.

Mais voilà que des voix venues d'Allemagne ont dit à notre prolétaire : « Ne crois plus à tes concitoyens, qui te parlent de liberté et de justice. Tout cela est vent, fumée, tromperie, enseignement de Dieu, ce qui pour nous signifie de l'Esprit du mal. Veux-tu être affranchi? Maudis la liberté. Veux-tu devenir riche? Epouse la violence. C'est elle qui fait mûrir les moissons opulentes dans les cités des hommes. »

Et, parmi nous, se sont élevées alors d'autres voix faisant écho à ces blasphèmes : « Oui, frères d'Allemagne, ont-elles dit, vous avez raison: on nous a trompés. Plus de liberté, le socialisme d'État; plus de justice, la violence! Nous vous suivrons. Vous détenez déjà nos cités, nous vous livrerons nos âmes. Nous deviendrons les disciples de vos Lassalle et de vos Karl Marx. Comme eux, nous croirons que la force est l'accoucheuse des sociétés. Avec vous, nous tisserons les mailles de l'internationalisme rouge. Après tout, un ouvrier allemand vaut plus qu'un bourgeois français, et il ne faut pas plus de patrie que de propriété et de Dieu. »

Et ensuite ils ont étalé le socialisme d'État et la violence, dans toutes leurs gradations : la règlementation légale des heures de travail, le minimum des salaires, la mainmise sur la banque, sur les mines, sur les chemins de fer, puis à la fin la liquidation sociale : espèce de jugement-dernier sur la terre, qui mettra dessus ce qui était dessous, donnera au prolétaire le bien du bourgeois, comme 89 a passé au bourgeois le bien du noble, ou plutôt qui engouffrera tous les biens dans un immense collectivisme social.

Oui, peuple, par une série d'obligatoires partiels on veut t'acheminer à l'obligatoire total du collectivisme.

Y consentiras-tu?

Tu ignores ce que l'histoire nous a enseigné à nous, philosophes : que l'effort de la civilisation a été d'affranchir l'humanité de tous les obligatoires dont la barbarie l'avait accablée ; et que la liberté seule, but final du progrès, rend les individus vaillants, le travail abondant, les industries prospères, les nations grandes.

Garde-toi d'apprendre à tes dépens que, funeste partout où il n'est pas absolument indispensable, l'obligatoire, dans les relations du capital et du travail, serait désastreux et ferait de toi une victime lamentable.

L'obligatoire fixerait la durée de tes heures de travail. Mais le travail de tes bras et de ton cerveau est une propriété aussi sacrée que la terre du paysan. Qui en dispose sans ton aveu, te vole. L'interdiction de travailler au delà d'un certain temps te frapperait plus que le patron. Si, ayant de nombreux enfants à élever et un courage égal à ta tâche, tu préfères demeurer quelques heures de plus à l'atelier, au lieu d'aller chez le marchand de vin, de lire un mauvais journal ou de flâner, qui donc a le droit de t'en empêcher?

L'obligatoire mettrait en commun la banque, les chemins de fer, les mines et tous les établissements créés par le génie de nos industriels. Mais ta propre expérience te l'a démontré, tant vaut le chef, tant vaut l'affaire. Sous la conduite d'un incapable, la meilleure entreprise sombre. Suppose en collectivité, c'est-à-dire en permanente et incurable incapacité, cette Banque de France si admirablement conduite, pivot d'airain de notre crédit, ces chemins de fer gérés par des administrateurs d'élite, ces mines où tant d'ingénieurs de premier ordre veillent à ta sécurité : sais-tu ce qui arriverait? L'impulsion primitive ralentie, les mécomptes, les accidents se multiplieraient; les déficits succéderaient aux bénéfices, les emprunts aux réserves, les salaires baisseraient à mesure que le capital s'épuiserait, ils tariraient enfin avec lui, et alors tu demanderais en vain pour ta femme et tes enfants affamés un morceau de pain que personne n'aurait plus le moyen de te donner.

O peuple ! malgré la force que le nombre te donne, tu n'es pas plus puissant que les vagues de la mer ; et cependant, quelle que soit l'impétuosité du vent qui les soulève, elles ne peuvent franchir les rivages que le Tout-Puissant leur a donnés pour limites. En une heure de délire, tu pourrais te ruer sur nos institutions et peut-être les mettre en pièces. Mais ta domination ne serait pas même d'un jour, et ceux qui le matin t'auraient vu triomphant ne te retrouveraient plus le soir.

O cher peuple de France ! à la fois si idéal et si sensé, et toi, en particulier, ouvrier de Paris, l'artiste souverain du travail, parce que seul tu possèdes le don exquis de la justesse, de la mesure et de l'élégante simplicité, ne te laisse pas capter par les sophismes cosmopolites, d'où qu'ils viennent ; reste toi-même ; repousse les grossièretés tudesques de l'obligatoire impérial et du collectivisme tyrannique ; sois fidèle à nos saines traditions nationales, à notre grande Révolution dont on abolit les principes ; n'abandonne pas les serviteurs de la Justice et de la

Liberté; accrois leurs forces par le témoignage de ta confiance, afin qu'ils puissent poursuivre avec une ardeur nouvelle l'œuvre d'émancipation, de soulagement et d'amour.

VII

La politique de l'opposition conservatrice a été constamment dominée par ce fait initial : que la République actuelle a été l'œuvre des conservateurs de l'Assemblée de 1871. Quelques-uns de leurs chefs, dès 1848, avaient eu la tentation de devenir républicains. C'est la République qui nous divise le moins, avait dit Thiers. Elle peut être un bon et beau gouvernement, dont pour mon compte je m'arrangerais très bien, avait ajouté Guizot (1). En 1871, les monarchistes, quoiqu'en majorité, par suite de considérations que l'historien divulguera, ont été amenés par gradations successives à proclamer, puis à organiser la République actuelle. Ils débutent par mettre à la tête de la Chambre un président républicain, Grévy; puis ils donnent à Thiers le titre de président de la République;

(1) Mᵉ de Witt, page 282.

enfin ils votent la constitution républicaine qui nous régit, et ils la font, suivant les idées en faveur alors, ultra-parlementaire, façon inconsciente de conserver un peu de monarchie sous l'étiquette républicaine.

Ce pacte constitutionnel mis en activité, ils ne l'ont pas attaqué, puisqu'il était leur œuvre, (je néglige, bien entendu, les isolés, je n'attache aucune importance aux articles de journaux, je m'en tiens aux actes collectifs), ils se sont efforcés de prolonger l'existence de la République conservatrice. Quand ils eurent été éliminés avec Mac-Mahon du gouvernement de cette République devenue opportuniste, ils ont lutté contre les lois scolaire, militaire, contre la persécution religieuse.

Ils ne sont pas plus parvenus à empêcher le vote des lois, qu'ils n'avaient réussi à garder le pouvoir. Malgré leur nombre relativement considérable, ils sont restés impuissants. Mais impuissants à quoi? A renverser la république? Non, puisqu'ils ne l'avaient pas attaquée. Ils ont été impuissants à empêcher l'adoption des lois contraires à leurs principes sociaux et religieux.

Cette situation menaçait de se prolonger indéfiniment lorsque, en 1888 et 1889, ils eurent une de ces illuminations de bon sens qui, accueillies, sauvent les partis. Ils comprirent que le mal provenait moins de l'action législative que du mécanisme de la Constitution, que les lois n'étaient que des fruits necessaires, que si on voulait s'en débarrasser c'est à l'arbre constitutionnel lui-même qu'il fallait porter la cognée. Il en coûte beaucoup de répudier ce qu'on a fait. Ils eurent ce courage, ils confessèrent que le malaise dont nous souffrons tient surtout à la constitution archaïque et contradictoire qu'ils avaient votée. Sortant de leur intransigeance parlementaire, ils contractèrent avec des républicains avérés l'union revisionniste.

Naturellement, après cette nouvelle évolution, ils attaquèrent encore moins la République qu'ils ne l'avaient fait jusqu'alors, c'était la condition de l'alliance avec des républicains; ils ne s'en prirent qu'à la Constitution, toujours légalement revisable. Ils eurent pour programme de substituer à un parlementarisme énervant, corrupteur, fermé, égoïste, persécuteur, un gouvernement fort, honnête, dévoué aux intérêts généraux, ouvert, libéral, né de la consultation nationale, — mais républicain. Toujours attachés à la légalité, ils ne mirent pas le coup de force au nombre de leurs moyens d'action, et quelque pression qu'on ait exercée sur le chef de l'union revisionniste, il refusa inébranlablement de devoir quoi que ce soit à une autre force que celle du suffrage universel.

Il paraît qu'il y eut en certains meneurs des arrière-pensées traîtresses, comme il y eut en d'autres des dissidences avouées. Cela importe peu. L'immense majorité de ceux qui s'associèrent au mouvement étaient loyaux et ne se méprenaient nullement sur son caractère, et surtout n'y attachaient pas une portée secrète ou contradictoire avec le but ostensiblement avoué. Ils se rendaient bien compte qu'il ne s'agissait pas d'aller hypocritement à la Monarchie, mais uniquement de donner, à la République semi-monarchique de 1875, une forme plus adaptée aux données démocratiques.

Cette union révisionniste, conforme à la loyauté et à la saine méthode qui sortait l'opposition conservatrice de son isolement rétrograde, répondait tellement aux aspirations générales que, en un moment, elle entraîna le pays. Les paysans, d'ordinaire insensibles aux faits politiques, levèrent la tête de dessus leur sillon, et au nord, à l'est, au centre, d'un même mouvement irrésistible, apportèrent le concours de leur vote.

Le triomphe n'était plus douteux. Pour l'empêcher, les opportunistes aux abois eurent recours aux mesures de salut public pratiquées autrefois par Robespierre contre Vergniaud, Camille Desmoulins et Danton. Identifiant la cause de leur république à la veille de disparaître avec la République elle-même nullement menacée, ils envoyèrent quelques-uns des chefs de l'union revisionniste devant un tribunal révolutionnaire.

On se récria beaucoup, lorsque j'appliquai cette qualification de tribunal révolutionnaire à la Haute Cour sénatoriale. Après la victoire, M. Clémenceau l'a confirmée, en répondant à un des plus violents artisans de cette triste besogne : « Ah ! vous n'êtes pas pour le tribunal révolutionnaire, Monsieur Reinach : mais vous avez la mémoire courte. Il n'y a pas longtemps, nous en avons fait un ensemble, de tribunal révolutionnaire, (*applaudissements répétés à gauche et sur divers bancs de la droite*), et le pire de tous. Nous avons livré des hommes politiques à des hommes politiques, leurs ennemis, et la condamnation était assurée d'avance (1). »

Les opportunistes osèrent plus encore. Ils n'avaient cessé de soutenir « que le scrutin de

(1) Séance du 29 janvier 1891.

liste est le seul mode de pratiquer le suffrage universel qui soit digne de la démocratie, » sa seule forme logique et sincère, son corollaire nécessaire, la pierre angulaire de la politique nationale et de la République; ils avaient proposé de l'insérer dans la Constitution revisée. Mais, se rendant bien compte que ce scrutin, malgré l'arrêt de la Haute Cour, donnerait la majorité à la revision républicaine, par un des revirements les plus effrontés dont on ait souvenir, ils le supprimèrent dans le but avoué d'empêcher la nation d'exprimer sa volonté. Le bâillon du scrutin d'arrondissement leur paraissant encore insuffisant, ils y ajoutèrent l'interdiction inouïe des candidatures multiples!

Toutefois, malgré le coup d'État, — l'oppression électorale poussée jusqu'aux dernières limites de la fraude et de la violence, — l'union revisionniste ne fut distancée que de 400,000 voix. C'était, les circonstances données, une véritable victoire.

La conduite à suivre était donc indiquée. Il n'y avait qu'à rester sur ses positions, à continuer la lutte, à resserrer le lien avec les républicains revisionnistes; non seulement à maintenir les idées qu'on avait défendues de concert avec eux, mais à les accentuer, à les préciser, à les justifier, à les développer, à les expliquer chaque année à la tribune, comme la gauche sous Louis-Philippe, et les Cinq sous l'Empire, proposaient et défendaient l'adjonction des capacités et les libertés nécessaires. Il est vraisemblable qu'après une telle campagne éloquemment menée, le Panama et le déficit aidant, on eût gagné en 1893 les 200,000 voix qui avaient fait défaut en 1889.

En Angleterre, les promoteurs de l'émancipation des catholiques, de la réforme électorale, de l'abolition des lois sur les céréales, sont restés en minorité pendant de longues années. Cela les a-t-il ébranlés un seul instant? Un grain de blé jeté dans la terre ne sort qu'après plusieurs mois, et l'on renoncerait à une politique parce qu'elle n'a pas prévalu du premier coup?

La tactique eût-elle été risquée, il ne fallait pas la rompre après s'y être engagé à fond. Les foules ne comprennent rien aux changements subits de direction et elles se détachent de ceux qui ne paraissent pas savoir eux-mêmes ce qu'ils veulent.

Néanmoins, je ne sais pourquoi une véritable panique de découragement saisit quelques-uns des chefs les plus éminents et les plus justement respectés de l'opposition conservatrice. Ils jetèrent leurs armes sur le champ de bataille, s'avouèrent vaincus et convertis. Les dernières élections ne laissaient, dirent-ils, aucun doute sur l'amour persévérant du peuple pour la République; il fallait l'accepter, la défendre, la consolider et ne plus travailler qu'à la ramener aux principes conservateurs. En conséquence, on deviendrait la droite républicaine.

Tout était surprenant dans ce langage. Pourquoi demander à la droite de devenir républicaine? Elle n'avait pas cessé de l'être, puisque c'était elle qui avait fondé la République. Depuis, elle l'avait parfois rudoyée, sans cesser cependant de la soutenir et en se montrant toujours disposée à une entente avec ses ministres. N'était-il pas injuste de recommander le respect de la légalité constitutionnelle à des hommes qui ne s'en étaient jamais écartés? Quand la droite avait-elle résisté aux prescriptions de la loi? Quand avait-elle refusé l'impôt, bravé les agents de l'autorité publique, prêché la sédition? La revision qu'elle venait de demander n'était-elle pas une revision républicaine et non une revision monarchique?

Il était encore plus singulier de trouver dans les élections un témoignage d'amour de la nation française envers la République. Elles prouvaient uniquement que la force est encore un argument très persuasif, et que bâtonner vigoureusement quelqu'un n'est pas le plus mauvais moyen d'obtenir ses bonnes grâces. *Injice eis terrorem*, « Terrorise-les », dit David à Jéhovah. Cela paraît encore à propos. On est parfois tenté de croire, à l'inverse du proverbe, qu'on prend plus de mouches, — du moins de mouches humaines, — avec du vinaigre qu'avec du miel.

Les élections de 89 eussent-elles été aussi libres qu'elles l'ont été peu, aussi sincères qu'elles ont été déloyales, ne signifieraient rien sur la question de République ou de Monarchie. Personne, en effet, n'avait posé la question de Monarchie. Le duel avait été circonscrit entre deux formes de la République, la République revisionniste et la République opportuniste. Le verdict populaire, s'il avait quelque valeur, signifiait donc que le peuple préférait la République opportuniste à la République revisionniste : rien de plus.

L'évolution qu'exprime le mot de droite républicaine, si on l'explique par le résultat des élections dernières, ne peut donc signifier que l'abandon de l'entreprise revisionniste et le retour au culte opportuniste de la Constitution, le passage d'une république à une autre, et non celui de la Monarchie à la République. Elle n'est pas une rentrée dans une légalité dont on n'est jamais sorti, mais une tentative de reprendre la direction perdue de cette légalité, de restaurer la République sans républicains de Thiers, la République conservatrice de Mac-Mahon, de recommencer, dans la faiblesse de l'opposition, ce 16 mai qui a été au-dessus des forces d'un gouvernement d'hommes de premier ordre. On ne nous convie pas à marcher en avant, vers des rivages nouveaux, on veut nous ramener en arrière, aux rivages abandonnés

Croie qui voudra à la portée de cette politique. N'aimant pas à décourager, je me tiens à examiner, — parce que cela présente un intérêt de principe, — les motifs qui ont induit à l'adopter.

Le suffrage universel a prononcé, dit-on; il n'y a plus qu'à s'incliner. Mais prenez garde à la portée de l'argument, je vous prie. Le suffrage universel n'a pas prononcé seulement sur la République, il a prononcé plus souvent encore et plus nettement sur ce que vous appelez les lois scélérates. Vous voilà donc obligés de les accepter aussi en conscience et avec autant de ferveur que la République elle-même.

Aussi bien c'est ce que vous faites. Les hommes religieux, il est vrai, continuent leur campagne contre les lois militaire et scolaire et entendent faire de cette abrogation le principal de leurs programmes électoraux. Les politiques ne les suivent pas. Redoutant de reconstituer la concentration républicaine, compromise en fournissant un prétexte à l'évocation du spectre clérical, ils acceptent en principe les lois scélérates et se contentent d'en réclamer une application tolérante.

Du reste, ces modestes restrictions sont sans effet. Pour le paysan qui est simpliste, ralliez-vous à la République, signifie : Soutenez la République de M. Carnot, de M. le préfet, celle qui fonctionne actuellement, celle des lois scolaire et militaire, et de la laïcisation. Si on lui explique qu'on ne l'entend pas ainsi, qu'on entre dans la République afin d'en exclure les républicains, ou de défaire leurs lois, ou de mieux cogner sur eux, il riposte que cela ce n'est pas se rallier pour de bon.

Quant à nous, nous n'admettons pas l'infaillibilité du suffrage universel. Quand a-t-elle été définie? Ce n'est assurément pas lorsque les Athéniens firent boire la ciguë à Socrate et encore moins quand, ayant à opter entre Jésus et Barabbas, les Juifs se prononcèrent en faveur de Barabbas.

Dans les sociétés politiques, il faut un arbitre de combat dont la décision soit acceptée. Le suffrage universel est cet arbitre. Il s'ensuit qu'on doit respecter la légalité qu'il établit. Toutefois respecter une légalité ne signifie pas qu'on doive renoncer à la changer. En respectant il est loisible de discuter, de démontrer les inconvénients ou les injustices de la solution adoptée afin d'obtenir du suffrage universel lui-même qu'il la modifie dans sa prochaine manifestation. Que deviendrions-nous sans cette inviolable persistance de la conscience et de la raison? Il suffirait que le mal ait prévalu un jour, pour que son règne devînt éternel.

Non, le suffrage universel n'est pas au-dessus de la justice et du droit. Qu'il décide ce qu'il voudra, cela ne nous amènera pas à déclarer faux ce qui, jusque-là, nous avait paru vrai, ni légitime ce que nous avions jugé ne l'être pas. Nous tiendrons tête à ses erreurs jusqu'à ce que nous l'ayons retourné, et les défaites n'ébranleront pas notre ardeur. Et si, ce qu'il n'est plus téméraire de supposer, on restreignait encore, puis on supprimait ce qui reste de la liberté électorale, nous ne nous avouerions pas convaincus, et nous protesterions encore par le silence de Thraséas. Quel mérite y aurait-il donc à soutenir les bonnes causes, si l'on en était toujours récompensé? Et puis, il est des choses que la Providence veut accomplir seule, et parfois, au moment où la partie paraît désespérée, elle la rétablit. L'essentiel est qu'alors elle nous trouve réveillés, prêts, les reins ceints pour le combat.

La conduite de l'opposition conservatrice a été correcte jusqu'en 1889, et surtout en 1889; depuis, elle a manqué de perspicacité et de résolution.

VIII

Ma conclusion est que, sans renoncer à l'insistance contre les lois antireligieuses et antisociales, l'opposition conservatrice devrait renouer l'union revisionniste avec les républicains progressistes et libéraux.

Il ne s'agit pas, bien entendu, d'une coalition entre des hommes sans aucun autre point de contact que la passion du renversement. Je réprouve de telles machinations. « Tout plutôt que ce qui existe » est une maxime séditieuse qui causerait à la longue autant de dommage à notre pays que le *liberum veto* en a occasionné à la malheureuse Pologne. Une union motivée, même entre des politiques en dissentiment sur d'autres sujets, pour obtenir des réformes clairement spécifiées, ne ressemble nullement aux coalitions malsaines contre lesquelles tous nos gouvernements ont eu à se débattre, depuis 1815.

Je conseille une de ces unions, et j'en détermine l'objet.

L'urgent, à mon avis, est moins d'abroger telle ou telle loi défectueuse que de réformer le mécanisme constitutionnel qui condamne de plus en plus toutes les lois à être défectueuses.

Le Sénat devrait être maintenu, mais fortifié et relevé.

Il serait fortifié par l'adjonction de sénateurs de droit qui seraient les anciens ministres, les anciens ambassadeurs ou hauts fonctionnaires administratifs et judiciaires, les officiers supérieurs de terre et de mer en retraite, les députés après un certain nombre d'années de législature, etc.

On le relèverait, en le débarrassant à jamais du rôle odieux qu'on lui a fait jouer de tribunal révolutionnaire, au profit d'un parti. La Convention, par repentir du jugement de Louis XVI, finit en décidant que désormais aucune assemblée politique ne serait transformée en tribunal et que les attentats seraient déférés à une Haute Cour, assistée d'un jury national. La Charte de 1830 a repris la triste tradition à laquelle se rattache le procès de Louis XVI et a rendu les républicains victimes de cette résurrection. Est-ce pour cela que la République actuelle l'a imitée?

Toutefois les deux rouages de ce mécanisme, sur lesquels il importe de porter sans retard une main réformatrice, sont l'institution de la présidence et le suffrage universel.

Il est contre toutes les règles du bon sens, de l'expérience et de la tradition qu'un Président de la République soit irresponsable, ni plus ni moins qu'un monarque constitutionnel. Dès qu'elle n'est pas le correctif d'une hérédité, l'irresponsabilité est une conception monstrueuse. Le parlementarisme, garantie indispensable de la liberté sous une Monarchie, n'est qu'une cause d'anarchie morale dans une République. République et parlementarisme sont deux idées qui s'excluent. Il est illogique et funeste de placer un chef d'État éligible, temporaire, sous le même régime qu'un chef d'État inamovible, héréditaire. Autant un gouvernement monarchique est affermi par l'assistance de ministres pris dans les Chambres, autant un gouvernement républicain est débilité par l'interdiction imposée au Président de choisir ses auxiliaires en dehors des intrigues politiciennes.

En matière d'État, la bonne ou la mauvaise conduite dépend de la concordance entre ce que les circonstances requièrent et les facultés de celui qui préside à la direction des affaires. Les circonstances exigent-elles de la temporisation, l'État périclite s'il est confié à un impétueux. Veulent-elles de l'audace, il est exposé s'il est aux mains d'un temporisateur. Dans la République, le chef étant temporaire, on a toute facilité pour choisir celui qui s'adapte le mieux aux circonstances. Pour que cela fût aussi possible dans une Monarchie, on a placé à côté du monarque inamovible un roi temporaire, toujours révocable, nommé le premier ministre. Mais, l'hérédité abolie, à quoi bon maintenir une complication uniquement motivée par les exigences de cette hérédité évanouie? A quoi bon doubler un Président de République d'un Président de Conseil?

J'entends à chaque instant critiquer l'inertie de M. Carnot. On a tort. Que voulez-vous donc qu'il fasse? Certainement, sur le papier, il a des pouvoirs sérieux. Qu'en réalité, il se risque à en exercer un seul. Quel orage au Parlement! Et, contre ce Parlement en ébullition, sur qui et sur quoi s'appuiera-il? « Vous êtes notre mandataire, lui crieront-ils, nous vous avons nommé, ce n'est pas pour que vous nous résistiez. N'insistez pas, ou nous vous enverrons au tribunal révolutionnaire de la Haute Cour! » Un monarque héréditaire a plus d'indépendance et se meut plus à l'aise, dans les lisières de l'irresponsabilité.

Si réellement vous désirez que votre Président soit actif, imposez-lui-en la nécessité en le rendant responsable, donnez-lui-en le moyen en l'autorisant à choisir ses ministres même en dehors du Parlement, rendez-le indépendant en ne confiant plus son élection aux Assemblées législatives. Un Président nommé par un corps législatif qu'il a été obligé de flatter pour être élu, qu'il ménagera pour être réélu, ne saurait être qu'un comparse, un soliveau, une enseigne mouvante ou une griffe. Serf par son origine, il est condamné, à rester tel, aussi bien par la reconnaissance que par l'espérance. Il aura une autorité réelle et il ne cessera de représenter une dépense inutile, que s'il est choisi par une Convention spécialement élue, selon la constitution américaine, ou, ce qui est mieux, par le vote direct du peuple, comme dans la Constitution républicaine de 1848.

Le système républicain de 1848 est préférable au système américain. En Amérique, à l'origine, le mandat des électeurs spéciaux était libre. Comme ils trafiquèrent de cette liberté, on en vint à les lier par un mandat impératif. Cette garantie ne tarda pas à devenir insuffisante. Parfois le mandat impératif fut violé. Néanmoins, le Président nommé déloyalement par ce manque de foi n'en restait pas moins le Président. Aussi les bons esprits en sont venus à préférer l'élection directe à celle par des électeurs spéciaux, même liés par le mandat impératif.

Le premier et le plus intelligent de nos opportunistes, Gambetta, avait fini par être convaincu de ces vérités qui, selon nous, ont la force de l'évidence. « Il nous a dit souvent, raconte M. de Chaudordy, que la Constitution qui convenait le mieux à notre pays et qui avait ses préférences était celle de la présidence du prince Louis-Napoléon. Elle a pour base essentielle, comme on le sait, l'exclusion des ministres de la Chambre et la responsabilité directe du chef de l'État (1). »

(1) *La France en* 89, page 100, en note. — Dans ce livre remarquable, le comte de Chaudordy adhère pour

Mais les principes sont « de vieilles guitares », bonnes quand on était dans l'opposition, dont on se moque dès qu'on est au pouvoir. La marque de l'homme d'État n'est-elle pas précisément la prestesse à se retourner et à rejeter à propos les anciennes opinions qui embarrassent?

Ce que les opportunistes n'ajoutent pas, du moins tout haut, et ce qui justifie leur attachement à une Constitution aussi peu républicaine, c'est que notre peuple, même lorsqu'il acclame la République, au fond reste monarchique c'est-à-dire partisan du pouvoir d'un seul, héréditaire ou non, viager ou temporaire. Il est mal à l'aise lorsqu'il ne se sent pas tenu en main. Un chef, à la façon simple de Washington, ne lui paraîtrait pas suffisamment un maître. Mais qu'un Président selon l'étiquette royale passe, dans un bel équipage attelé de quatre chevaux, orné, à défaut d'uniforme, d'un grand cordon rouge, précédé ou suivi d'une maison militaire, entouré d'imposants cuirassiers, il s'épanouit : car il a l'illusion d'être encore le sujet de quelqu'un.

son compte à ce système. Seulement il se contente d'ajouter aux Chambres législatives, pour l'élection du président, cent électeurs choisis parmi les conseillers généraux. C'est très insuffisant. Il faut en venir au moins au système américain.

L'organisation actuelle du suffrage universel est encore plus déplorable que celle de la présidence. Elle a déjà produit un abêtissement visible de l'esprit public. Nous ne résisterions pas longtemps à son action avilissante, délétère et démoralisante. Quel peut être l'avenir d'une nation dans laquelle un chiffonnier alcoolique compte autant qu'un Tocqueville ou qu'un Pasteur?

Personne ne songe et ne saurait songer à la suppression du suffrage universel. Tout être humain, par cela qu'il existe, indépendamment de l'instruction et de la fortune, a droit de participer dans une certaine mesure à la gestion de la chose publique. En effet, tout être humain et faisant partie d'une société politique paye l'impôt, au moins indirect, et, depuis Guillaume le Conquérant (1) et Commynes (2), il est de règle que quiconque paye une taxe doit la consentir.

Mais règlementer rationnellement le suffrage, le hiérarchiser, ce ne serait pas le supprimer; pas plus que ce n'est supprimer la machine à vapeur, que de s'appliquer à perfectionner inces-

(1) Augustin Thierry, *Histoire de la conquête d'Angleterre*, t. I, p. 304.

(2) *Ibid.*, liv. V, ch. XIX; liv. VI, ch. VII.

samment le mécanisme rudimentaire des premiers temps.

Il existe deux systèmes très sérieux sur cette règlementation nécessaire : celui du vote multiple, celui du vote spécialisé.

Le point de départ du vote multiple est que si tout citoyen a droit à un vote, il existe des citoyens auxquels plusieurs votes doivent être attribués, à cause des garanties particulières de leur situation. Les uns auraient une voix d'expérience, après un certain âge; les autres, une voix de famille s'ils sont mariés; les autres, une voix de capacité, comme conséquence de leurs fonctions élevées ou de leurs diplômes. Les pauvres bénéficieraient, comme les riches, de cette multiplication. La mise en œuvre de la combinaison serait aisée : en dressant les listes, on indiquerait à côté de chaque nom le nombre de voix attribuées, et chacun jetterait dans l'urne autant de bulletins qu'il a obtenu de voix. La Belgique vient d'adopter en partie ce système, sous le nom de vote plural.

Le système du vote spécialisé est plus radical. On en trouve l'origine à Florence, dans les arts majeurs et mineurs. Dante était inscrit dans le sixième des arts majeurs, celui des médecins et des apothicaires, sous le titre de *Dante Alighieri, degli Alighieri, poeta fiorentino.* L'idée reparaît dans les Constitutions napoléoniennes des royaumes d'Italie et de Wurtemberg et l'Acte additionnel (art. 33) : « L'industrie et la propriété manufacturière et commerciale auront une représentation spéciale. L'élection des représentants commerciaux et manufacturiers sera faite, par le collège électoral de département, sur une liste d'éligibles dressée par les chambres de commerce et les chambres consultatives réunies. » Deux penseurs démocrates, Jean Reynaud (1) et Pierre Leroux (2), reprenant la même idée sous une autre forme, ont réclamé une représentation spéciale pour les prolétaires, ceux dont les revenus n'excèdent pas la subsistance.

Le système du vote spécialisé reprend, en l'élargissant, l'idée florentine, celle de Napoléon Ier, de Pierre Leroux et de Jean Reynaud. Il constitue des groupes professionnels, celui du commerce, de l'agriculture, du travail, le groupe médical, militaire, juridique, etc. Tous les citoyens seraient répartis entre chacun de ces groupes. Chaque groupe nommerait un certain

(1) *Revue encyclopédique* de 1832.

(2) *De la Ploutocratie.*

nombre de députés déterminé, selon son importance sociale. Les élus de tous ces groupes constitueraient l'Assemblée législative qui serait composée, de la sorte, non de bavards ou de politiciens ignorants, mais des représentants les plus autorisés de tous les intérêts spéciaux et professionnels.

La Chambre, ainsi constituée, serait divisée en comités correspondant à chacun des groupes, comme l'Institut l'est en classes et le Conseil d'État en sections.

En assemblée plénière, on débattrait le principe de chaque loi, (par exemple : Le divorce doit-il être admis ?) les généralités du budget, les meilleurs impôts à établir, la distribution en bloc des ressources entre les divers services. La règlementation de la loi du divorce, les détails de l'assiette de l'impôt, la répartition des sommes allouées en bloc, seraient renvoyées aux comités spéciaux et compétents et votés par eux seuls. Ainsi les questions seraient réglées par ceux qui les connaissent le mieux. Les lois militaires ne seraient pas établies par des avocats étrangers à l'art stratégique ; les problèmes les plus délicats de la législation, tranchés par des médecins ou des propriétaires qui n'en ont pas la moindre notion ; des lois industrielles votées par des journalistes qui, de leur vie, n'ont mis les pieds dans une usine.

Le système de vote spécial me paraît préférable à celui du vote multiple. Cependant, il devrait coexister, dans le cas où le plébiscite rentrerait dans nos institutions. Le vote multiple serait employé pour les plébiscites; le vote spécialisé, pour la nomination des Assemblées législatives.

L'hypothèse de l'introduction du plébiscite eût paru, il y a quelque temps, une supposition extravagante. Il y a bien, en Suisse, le *referendum,* c'est-à-dire le plébiscite ratificatif des lois votées; le plébiscite *direct,* tranchant définitivement une question intacte, tel que celui introduit, en 1848, pour l'élection du Président, a été proscrit par la République nouvelle. M. Gladstone vient de le reprendre. Sur la question de la fermeture des cabarets, la population locale, interrogée, décidera directement. Si les deux tiers des habitants d'une paroisse se prononcent en faveur de la fermeture, on fermera. Les résultats de cette expérience seront tellement pacificateurs, qu'on étendra l'institution. Dès qu'elle aura reçu l'estampille anglaise, nous nous en engouerons. Nous le ferions bien plus vite encore, si la Prusse l'adoptait. Peut-être, comme en Angleterre, sera-ce par la commune, où il est plus facile à défendre et à pratiquer, que le plébiscite entrera dans nos institutions.

Indépendamment des innovations fondamentales du vote multiple et du vote spécialisé, il en est quelques autres de moindre importance, quoique très graves aussi, également applicables aux deux systèmes réformateurs et même au système anarchique actuel. Les principales sont : l'élévation de l'âge de l'électorat à vingt-cinq ans et la suppression des scrutins de ballottage (1).

Il est inadmissible que des adolescents ayant à peine la barbe au menton, supposés à ce point incapables de se conduire qu'ils ne peuvent contracter mariage sans le consentement de leurs parents, contribuent à établir les doctrines dont, plus tard, la plupart d'entre eux seront les adversaires.

A l'origine, le vote durait deux jours ; on l'a simplifié en le resserrant en un seul, et l'on s'en est bien trouvé. La suppression des scrutins de ballottage serait une simplification non moins utile. La loi républicaine du 15 mars 1849, reprise en 1871, ne les admettait pas. Elle déclarait élus au premier tour de scrutin, « les candi-

(1) Emile Ollivier, 1789 *et* 1889, chap. IV, parag. 3.

didats ayant obtenu le plus de voix, selon *l'ordre de la majorité relative,* pourvu qu'un huitième des électeurs inscrits eût voté (art 63). Les agitations électorales ne sauraient être trop vite apaisées. Aussi cette disposition judicieuse, conforme à la pratique anglaise et à celle de tous les pays, inconsidérément abrogée par l'Assemblée de Versailles, doit-elle être rétablie. Puisque la majorité relative suffit au second tour, pourquoi serait-elle insuffisante au premier? A l'Académie, du moins, on est logique. On y exige, je ne sais pourquoi, la majorité absolue, mais, quel que soit le nombre des tours de scrutin, elle reste nécessaire jusqu'au bout et ne peut, à aucun moment être suppléée par la majorité relative.

Nous attachons plus d'importance à la réforme du suffrage universel, qu'à la réorganisation de la présidence. Néanmoins, si l'accord sur la réforme du suffrage universel, à cause de sa complexité, offrait actuellement des difficultés trop sérieuses, il suffirait de se concerter sur la réorganisation de la présidence, question plus mûre et aussi plus circonscrite.

Une telle entente, qui implique le maintien de la forme républicaine, ne saurait être arguée de révolutionnaire ou de monarchique. Car, enfin, l'essentiel n'est pas de savoir si nous serons régis par un roi, par un empereur ou par un président, mais si nous resterons une grande nation.

M'arrêterai-je à démontrer que toute revision n'est pas par elle-même un fait anarchique? La revision a été maintes fois pratiquée aux États-Unis, en Suisse; elle l'a déjà été chez nous; elle s'opère en ce moment en Belgique. Dans aucun de ces pays, aucun homme sensé n'a eu l'idée de représenter, comme une tentative de subversion, l'exercice régulier d'une faculté constitutionnelle. Ce qui est subversif, c'est de tenir une République emmaillottée dans des langes parlementaires qui l'étiolent, au lieu de la conduire à l'air vivifiant d'une saine et virile liberté.

En attendant ces réformes constitutionnelles, puisque les opportunistes, maîtres des élections par les candidatures officielles et le scrutin d'arrondissement, sont décidés à nous imposer encore l'incohérence constitutionnelle d'une République parlementaire, qu'ils daignent au moins s'astreindre aux règles sans lesquelles un parlementarisme ne crée que l'anarchie. Il est grand temps qu'ils établissent enfin une procédure budgétaire, simple et rapide. Voici celle qui, pratiquée de temps immémorial en Angleterre, du moins dans ses traits principaux, nous paraît répondre à toutes les exigences.

Après s'être mis d'accord avec le ministre des finances sur les crédits qu'il peut demander, chaque ministre ferait distribuer aux députés, dès le début de la session, ses prévisions de dépenses en regard du chiffre accordé dans la session précédente, et avec une note explicative du changement proposé, s'il y en a un. Puis, à un jour indiqué, il monterait à la tribune, justifierait ses dépenses. Les opposants les critiqueraient ou en provoqueraient le rejet, sans être jamais admis à les amender et surtout à réclamer des augmentations ou des dépenses nouvelles. La discussion close, on voterait incontinent, sans renvoi à une commission.

Le chiffre total des dépenses ayant été fixé par le vote de chaque budget ministériel, le ministre des finances exposerait, à son tour, par quels moyens il entend procurer l'équilibre des dépenses et des recettes. Aussitôt après, les opposants proposeraient leurs critiques, sans avoir cependant la faculté d'amender et ne pouvant conclure qu'au rejet; et, cette nouvelle discussion close, on procéderait comme après la précédente : on voterait immédiatement, sans renvoi à une commission.

Le seul moyen de réduire, de supprimer, de modifier l'assiette de l'impôt, serait une proposition spéciale, discutée et tranchée au cours de la session, selon la procédure existante pour les lois ordinaires.

IX

Il ne suffit pas, pour qu'une politique ait de l'avenir, qu'elle soit idéalement justifiée; il est non moins nécessaire qu'elle réponde à un certain état de l'esprit public. Cet état d'esprit existe. Le moment actuel, quoi qu'on dise parfois, n'a aucune similitude avec les dernières années de l'Empire : il rappelle complètement au contraire la fin du règne de Louis-Philippe. Alors, comme aujourd'hui, selon la remarque de Tocqueville, « quelques faits éclatants de corruption découverts par hasard, en faisant supposer partout de cachés, avaient persuadé à la nation que toute la classe qui gouvernait était corrompue, et elle avait conçu pour celle-ci *un mépris tranquille qu'on prenait pour une soumission confiante et satisfaite.* » Le peuple est mécontent, mal à l'aise, il se sent exploité plus que gouverné, et il ne protège encore par son inertie le gouvernement actuel que parce qu'il ne sait en qui placer sa confiance. Droite ralliée ou non, centre gauche ou droit, radicaux ou opportunistes, le laissent indifférent. Il jette dans l'urne avec insouciance la liste d'un comité quelconque, sans rien se promettre de ceux qu'il nomme. Il regarde de tous les côtés de l'horizon, si le libérateur n'arrive pas. De quelle acclamation il le saluera ! « La France s'ennuie », avait dit autrefois Lamartine. Aujourd'hui, elle attend.

Les opportunistes, se rendant compte de cette disposition, s'efforcent de prolonger l'attente. Chaque gouvernement a un signe caractéristique par lequel son individualité se marque dans l'histoire. Le signe du gouvernement des opportunistes sera l'escamotage du suffrage universel.

Leur chef avait dit devant moi : « Le plébiscite est une condition désormais nécessaire, pour donner au pouvoir la sanction que les anciennes monarchies trouvaient dans le droit divin. Si la ratification du peuple n'y a pas passé, la légitimité n'en sortira pas (1). »

Ils n'ont pas osé demander la ratification du peuple, sachant qu'ils ne l'obtiendraient pas.

Que n'avaient-ils pas dit contre le scrutin

(1) Discours de Gambetta du 5 avril 1870.

d'arrondissement? C'était là sophistication du suffrage universel, le miroir brisé dans lequel la France ne se reconnaît pas, et cependant ils n'ont permis à la France de se regarder que dans ce miroir brisé!

Durant tout l'Empire, ils avaient déclamé contre la candidature. officielle : elle anéantit l'autorité du suffrage universel, un député nommé à l'aide de la pression gouvernementale est un commis, non un représentant du peuple; et néanmoins ils ont institué une candidature officielle auprès de laquelle celle de l'Empire n'est qu'un jeu d'enfant. Tout ce qui relève de l'État est devenu matière à trafic électoral. Les députés abandonnent le gouvernement aux ministres, à condition que ceux-ci leur livrent, à eux et à leurs créatures, le budget à dévorer. Le gouvernement n'est plus qu'un colossal syndicat électoral. Sous l'Empire, du moins, les candidats élus étaient respectés : eux, ils les fauchent par des invalidations systématiques, (en 1877, une centaine).

Ils auraient voulu reprendre le renouvellement partiel. A peine supportable dans une Chambre haute, ce mode électoral a été universellement condamné dans tous les pays pour le recrutement de l'assemblée populaire. Il n'apparaît parfois, comme à la fin de la Convention, qu'à titre d'expédient destiné à éluder l'opinion publique et à se perpétuer, malgré elle.

Pourquoi, si la France est si entièrement à eux, étouffent-ils les libres paroles sur ses lèvres? Pourquoi, s'ils sont aussi assurés de son cœur, la mettent-ils aux fers?

Qu'inventeront-ils encore pour fermer la plus petite des fissures par lesquelles un César pourrait passer? Le moyen assuré de les fermer toutes, serait d'arrêter la décomposition sociale qui nécessite le césarisme, et de ne plus continuer les iniquités dont il est le châtiment. Ils n'y songent pas. Aussi, nonobstant la jactance de leurs propos, vivent-ils en une perpétuelle inquiétude. Au moindre bruit trop retentissant d'un sabre sur le pavé, ils pâlissent et se dnamedent entre eux : Serait-ce lui? Non, pas encore. Mais, si vous ne cessez, enfin, d'être une simple bande d'exploiteurs, il arrivera tout à coup, à l'heure où vous l'attendrez le moins, comme la statue du Commandeur au milieu du plus joyeux de vos festins!

DE LA POLITIQUE PONTIFICALE

DE LA POLITIQUE PONTIFICALE

§ 1

DE LA CONDITION DES OUVRIERS (1)

I

Un parti puissant s'organise partout et s'agite dans le monde entier pour assaillir et bouleverser cette société dans laquelle, désormais, tout progrès peut s'accomplir en paix par l'action régulière de toutes les bonnes volontés. Son programme est très simple : En 1789, les bourgeois ont dépossédé les nobles ; il est temps que les prolétaires prennent la place des bourgeois. A chacun son tour. Chez les Hébreux existait une année du jubilé, dans laquelle les dettes étaient remises. Ils veulent, chez nous, une année de liquidation dans laquelle les propriétés de toute nature changeront de maîtres. Par le labour, la charrue met dessous ce qui était dessus, et réciproquement ; la révolution sociale opérera de même : le servi-

(1) Voir l'encyclique « Rerum novarum » du 15 mai 1891.

teur se carrera dans le carrosse, et le maître actuel montera sur le siège.

D'autres sont plus exigeants. La substitution d'un propriétaire à un autre ne serait qu'un fait transitoire ; une nouvelle liquidation ne tarderait pas à être requise; il ne faut donc pas liquider seulement les propriétaires, mais la propriété elle-même.

Les jacobins qui nous régentent ne savent à quoi se résoudre. Parfois ils semblent disposés à résister; parfois on les dirait résignés au laisser aller.

On comprend leur embarras. Comment résisteraient-ils, et que peuvent-ils répondre à la troupe anarchique qui va les assiéger ? N'ont-ils pas été ses éducateurs ? Est-il un seul des principes dont le quatrième Etat se réclame pour justifier ses prétentions au partage de la richesse, qu'il n'aient invoqué pour escalader le pouvoir politique ? Ne nient-ils pas quotidiennement l'inégalité des aptitudes, en conservant le fonctionnement anarchique de ce suffrage universel dans lequel Pascal, Descartes et Bossuet, pèseraient moins que le chiffonnier aviné du carrefour ? N'ont-ils pas nié l'inégalité des devoirs sociaux par l'établissement de ce service militaire, universel, inintelligent et brutal, qui ne s'arrête, ni devant la consécration sacerdotale, ni devant le dénuement de la veuve, ni devant les exigences de l'apprentissage professionnel ? Ne prononcent-ils pas chaque jour, à tort et à travers, le mot d'égalité ? Si, en effet, tous les hommes sont égaux devant l'urne électorale, s'ils le sont dans l'armée, s'ils le sont partout, si l'égalité est la vérité supérieure, pourquoi cesserait-elle de l'être dans l'ordre social comme elle l'est déjà dans l'ordre politique ? Pourquoi l'égalité des conditions ne suivrait-elle pas toutes les autres égalités ?

Que répondre à la multitude sans fond, s'il lui plaisait de sortir de ses taudis en rangs serrés pour la réclamer ? Et on assure que le sabre des gendarmes et des soldats ne s'abaisserait pas devant eux ? On le craint, et c'est pourquoi on est inquiet, malgré le calme des surfaces ; c'est pourquoi plus d'un père jette un regard anxieux sur ses jeunes enfants.

II

Ces préoccupations sont parvenues, à travers les murailles derrière lesquelles il est enfermé, jusqu'au Pontife auguste qui, attentif au mouvement des âmes dans l'univers entier, répond à chacune de leurs perplexités par les enseignements de la doctrine séculaire dont il est le gardien et l'interprète. Il s'est plu à examiner, dans une Encyclique sur la condition des ouvriers, les problèmes compliqués et menaçants que soulèvent partout, sous des formes plus ou moins aiguës, les phénomènes économiques du travail industriel moderne. Recueillons cette parole haute, forte et douce, qui emprunte à la langue lapidaire dont elle se sert une majesté que nos idiomes ne connaissent plus.

Le point de départ de l'Encyclique est sévère et alarmé.

Par suite des révolutions successives et des développements de l'industrie, le corps social est divisé en deux classes, séparées par un immense abîme. D'une part, un petit nombre de riches et d'opulents, maîtres tout-puissants de l'industrie, à l'âme hautaine, emportés par les cupidités d'une concurrence effrénée, avides de gains, pratiquant une usure dévorante, ayant monopolisé le travail et le commerce, détournant le cours des richesses pour en faire affluer vers eux toutes les sources, n'admettant aucune différence entre un homme et une machine, n'estimant l'ouvrier qu'au poids de l'or produit par son travail.

D'autre part, une infinie multitude de prolétaires, soumise à un joug presque servile, livrée sans défense à la merci de maîtres inhumains, dans une situation d'infortune et de misère imméritées, l'âme ulcérée et toujours prête au désordre.

Cet antagonisme est contraire à la loi naturelle et à la raison : de même que dans le corps humain, les membres, malgré leur diversité, s'adaptent merveilleusement l'un à l'autre, de façon à former un tout exactement proportionné et qu'on pourrait appeler symétrique ; ainsi dans la société, les deux classes sont destinées par la nature à s'unir harmonieusement dans un parfait équilibre. L'amitié, et non l'hostilité, devrait être la règle de leurs relations réciproques.

Il n'en est rien cependant, et le conflit menace de devenir tous les jours plus sérieux, si l'on ne vient en aide aux hommes des classes inférieures par des mesures promptes et efficaces, *(celeriter atque opportuniter)*. En différant, on rendrait incurable un mal déjà grave.

Quelles sont ces mesures promptes et efficaces ?

Il n'en est aucune, et il faut prévoir au contraire une aggravation du conflit, si les ouvriers adoptent des théories subversives, contraires à la loi divine et aux lois humaines ; s'ils poursuivent la substitution d'une propriété collective à la propriété individuelle héréditaire; s'ils rêvent l'égalité des conditions et l'affranchissement de toute souffrance.

Aucune de ces théories ne résiste à l'examen. La propriété héréditaire n'est que le salaire transformé par l'épargne; l'abolir, ce serait se priver soi-même de la libre disposition du salaire, se dépouiller du fruit de son travail, et renoncer à assurer l'avenir de ses enfants qui sont le prolongement de notre personne. L'inégalité des conditions, conséquence des différences aussi profondes que multiples établies par la nature, est exigée aussi par les fonctions très diverses et l'organisme très varié de la vie sociale : elle subsistera, quelles que soient les viscissitudes par lesquelles les formes de gouvernement sont appelées à passer. La souffrance est l'inévitable apanage de l'homme, sur cette terre d'exil et dans cette vallée de larmes.

Les ouvriers doivent répudier ces utopies nfécondes et se borner à réclamer « qu'on respecte leur âme et leur corps, qu'on ne les considère pas seulement comme de vils instruments de lucre, qu'on ne viole pas en eux la dignité de l'homme et du chrétien, qu'on ne leur impose pas un travail au-dessus de leurs forces, en désaccord avec leur âge et leur sexe, qu'on leur accorde un salaire, suffisant à l'existence d'un homme sobre et honnête et à celle de sa famille, suffisant aussi à obtenir, par la parcimonie, de petites épargnes qui leur permettent de parvenir un jour à l'acquisition d'un modeste patrimoine et au repos de la vieillesse ». Tels sont les biens que les riches doivent assurer aux pauvres d'une manière prompte et efficace; il ne suffit pas qu'ils règlent le salaire, sur le rapport de l'offre et de la demande; ils doivent le proportionner à ce qu'exige la conservation de l'existence de l'ouvrier.

Mais s'ils ne s'y prètent pas, si, sourds à la voix de l'humanité et à celle de la religion, ils s'obstinent à exploiter l'indigence et à spéculer sur la pauvreté, s'ils accablent le travailleur, s'ils lui disputent le repos indispensable, s'ils refusent, ce qui est un crime à crier vengeance au ciel, le salaire équitable, c'est-à-dire le salaire nécessaire à l'existence : comment l'ouvrier triomphera-t-il de leur obstination ?

Qu'il se garde de lutter contre un mal par un

autre mal, de manquer à ses engagements, de recourir à la violence, de convertir les grèves en tumultes et en complots séditieux, de léser le patron dans sa personne ou dans ses biens.

Qu'il oppose à la force du capital celle de l'association, car « le frère qui est aidé par son frère est comme une ville forte, et, s'il tombe, il a quelqu'un pour le relever ». La corporation soumise à une discipline sage et prudente et animée de l'esprit chrétien, voilà où il doit appuyer sa revendication, et nul pouvoir public n'est fondé à lui interdire de se préparer cette citadelle ; car les sociétés privées ont reçu de la nature elle-même le droit à l'existence, et les pouvoirs publics ont été institués pour protéger le droit naturel et non pour l'anéantir.

Mais enfin si l'action de la corporation ne suffit pas à venir à bout de la cruauté du patron, s'il est plus fort qu'elle, quel recours reste-t-il à l'ouvrier ?

L'appui du bras séculier. Il y a droit, car la force et l'autorité des lois doivent intervenir chaque fois que les intérêts généraux ou que les intérêts d'une classe en particulier se trouvent lésés ou simplement menacés : *Si quid igitur detrimenti allatum sit, aut impendeat rebus communibus, aut singulorum ordinum, quod sanari aut prohiberi alia ratione non possit, obviam iri auctoritate publica necesse est)*. Dans aucun cas cette intervention n'est mieux justifiée et plus nécessaire, que lorsqu'il s'agit des faibles et des indigents. Le riche, couvert de ses richesses comme d'un rempart, n'a guère besoin de la tutelle publique; elle seule peut mettre l'indigent à l'abri des injustices. L'État doit être la Providence du pauvre et du malheureux. Dès lors, sitôt que tous les autres moyens sont inefficaces, *quod sanari aut prohiberi alia ratione non possit,* que les corporations ou syndicats n'ont rien obtenu, l'État est compétent à agir par la force et l'autorité de la loi, dans ce qui est strictement requis pour réprimer les abus et écarter les périls, empêcher que les patrons écrasent les travailleurs sous le poids des fardeaux iniques ou déshonorent en eux la personne humaine par des conditions indignes et dégradantes, qu'ils attentent à leur santé par un travail excessif et hors de proportion avec leur âge et leur sexe.

Toutefois, l'intervention même de l'État ne sera pas toujours suffisante à triompher de la dureté du riche et à protéger le pauvre. Au delà d'une certaine limite, la loi ne pénètre plus : elle n'atteint pas tous les actes, les volontés et les cœurs lui échappent. L'Église devient alors le seul recours efficace du malheureux foulé aux aux pieds. Élle seule, la mère commune des pauvres et des riches, l'épouse de Celui aux yeux duquel il n'y a ni pauvres ni riches, a l'autorité d'amener par ses exhortations le riche a compassion et d'établir entre lui et l'ouvrier plus que l'amitié, l'amour fraternel.

Elle excite le riche à la charité fraternelle en l'avertissant que ses richesses ne lui seront d'aucune utilité pour la vie éternelle, qu'elles la compromettront plutôt et que le moyen de conjurer les menaces terrifiantes, prononcées contre lui par Jésus-Christ, est de verser son superflu dans le sein des pauvres. Elle console le pauvre de sa misère en lui enseignant que la pauvreté n'est pas un opprobre, puisque Jésus-Christ lui-même a voulu passer aux yeux du monde pour le fils d'un artisan et consumer la plus grande partie de sa vie dans un travail mercenaire.

Elle relève le misérable de l'humiliation en lui enseignant que, quoique pauvres et riches soient également les enfants de Dieu, ce sont vers ceux qui pleurent et qui souffrent que le cœur de Dieu semble s'incliner davantage, que ce sont eux qu'il appelle les bienheureux, qu'il invite plus particulièrement à venir à lui, qu'il embrasse avec une miséricorde plus affectueuse.

La conséquence est que, sans la restauration des mœurs chrétiennes, aucun des moyens suggérés par la prudence humaine ne produira de salutaires résultats. Tout moyen, en effet, quelque puissant qu'il paraisse, est impuissant s'il n'est vivifié par la charité, cette reine et maîtresse de toutes les vertus. Or cette charité bénigne, patiente, désintéressée, supportant tout, impossible à suppléer par aucune industrie humaine, appartient à l'Église seule qui la puise dans le cœur sacré de Jésus-Christ.

Si la société doit être guérie, elle ne le sera que par le retour à la vie et aux institutions du christianisme. En dehors il n'y a que des palliatifs. — Telle est l'idée culminante, la conclusion et le résumé du document pontifical.

Les peuples cherchent une transformation sociale, et on les incite pour l'obtenir à se précipiter hors de l'Église. Le Pape se met au seuil des temples et il leur crie : — O peuples, ne vous laissez pas séduire. Ici seulement les promesses sont des vérités ; au dehors, vous ne trouverez que désillusions, misères et néant ; sous les parvis bénis seulement, on vous assurera ce qu'on vous promet ailleurs sans savoir comment vous le donner. Restez avec l'Église, parce que sa main d'où s'écoule la science divine, comme la science profane, distribue les prospérités matérielles aussi bien que les bénédictions spirituelles. Qu'avez-vous gagné aux vexations dont elle est l'objet? On vous a lancés contre elle, pour mieux vous asservir. Écoutez et venez : je vous apporte la parole de délivrance, de compassion et d'amour!

III

Léon XIII s'est surpassé : il n'a jamais été aussi bien le Pape de la lumière et de l'harmonieuse sérénité. Cette Encyclique des Ouvriers est une merveille d'élévation, de justesse, de mesure, d'élégant et fort langage, de délicate et ferme pondération d'idées et d'intérêts contradictoires.

Le Pape ne s'astreint pas évidemment à l'indifférence économique : il demande à l'État d'avoir des entrailles et de considérer l'allégement des détresses populaires, comme l'une de ses fonctions essentielles. Il n'oublie pas néanmoins que la théorie de l'État-providence, chère aux jacobins et aux collectivistes, engendrerait d'incalculables calamités, anéantirait la personnalité humaine, imposerait aux pouvoirs publics des prévoyances au-dessus de ses lumières, des responsabilités supérieures à ses forces. Aussi ne s'engage-t-il qu'avec précaution ; il ne la conseille que dans les cas extrêmes, lorsqu'aucun autre moyen n'existe de la suppléer, « dans la crainte, dit-il, que l'immixtion des pouvoirs publics ne soit inopportune, *ne magistratus inferat se importunius*. Or, dans une société comme la nôtre, dans laquelle l'ouvrier est électeur, armé du droit de se coaliser et de se syndiquer, cette immixtion serait certainement inopportune.

Il n'admet pas non plus que cette intervention dépasse certaines limites (*extra certos fines*), et ces limites il ne les indique qu'en termes intentionnellement vagues (*nec ultra progrediendum, quàm incommodorum sanatio, vel periculi depulsio requirat* », afin de laisser entière la liberté d'appréciation des fidèles dans les cas particuliers. Ainsi il est loisible, sans se mettre en opposition avec l'enseignement pontifical, de repousser la réglementation légale des heures de travail des adultes, première application d'un système dont le dernier mot serait l'abolition de la liberté contractuelle et le despotisme d'un socialisme d'État.

Le rôle de Providence sociale n'est pas attribué inconsidérément par l'Encyclique à tous les gouvernements quelconques. Qu'ils soient républicains ou monarchiques, peu importe; l'essentiel est « qu'ils répondent aux préceptes de la raison naturelle et des enseignements divins, exposés dans les lettres encycliques sur la constitution civile des sociétés. » Des gouvernements ainsi constitués inspirent seuls au Pape la confiance qu'ils ne mésuseront pas d'une autorité inquiétante. Si donc il existait quelque part un gouvernement qui professât de ne tenir aucun compte de la religion, de mépriser ses préceptes et de vilipender ses ministres, qui interdît dans les écoles l'enseignement religieux, qui ne respectât pas les immunités indispensables du sacerdoce, qui refusât au ministre de l'autel la *sustentationem quæ deceat,* le salaire convenable, ou qui le lui retranchât arbitrairement, il ne saurait être admis, même avec les restrictions et les prudences indiquées, à exercer la tutelle sociale qu'autorise l'Encyclique.

Enfin le Pape neutralise, en quelque sorte, l'octroi à l'État du rôle de Providence, par l'insistance avec laquelle il place le droit d'association au-dessus de ses atteintes. Les libres associations forment, en effet, le contrepoids à l'omnipotence de l'État. Les collectivistes, qui le savent, poursuivent de leurs antipathies les Sociétés coopératives ; comme le Pape, qui ne l'ignore pas, accorde des encouragements aux libres associations.

Dans toutes les thèses de l'Encyclique brille cette incomparable circonspection et cet imperturbable équilibre, grâce auxquels la question fondamentale de l'intervention des pouvoirs publics a été résolue sans blesser aucun autre principe également fondamental.

Ainsi Léon XIII est favorable au pauvre, mais il n'est pas hostile au riche. Il ne paraphrase pas contre lui la parole évangélique : « Malheur aux riches ! » qui canonise les pauvres et frappe les riches de malédictions; Il ne répète pas avec saint Jérôme « que tout homme riche est, ou injuste dans sa personne, ou héritier de l'injustice d'autrui ». Il ne dit rien qui ressemble aux paroles de Bourdaloue à la cour de Louis XIV : « Il y a peu de riches innocents et dont la conscience doive être tranquille (1) ». Il constate sévèrement la dureté trop évidente de certains

(1) Sermon sur les richesses.

riches au cœur de pierre, il ne les rudoie cependant pas; il les adjure, il les presse, il les implore, il essaye de les convaincre. A cet effet, il ne se contente pas de les renvoyer au jugement de Dieu; il leur montre les périls dont ils sont menacés, et certes il ne les exagère pas; car tous les observateurs savent que la lutte sociale, conjurée partout où les patrons se montrent « intelligents sur le pauvre et l'indigent », s'envenime, au contraire, à chaque instant, dans les centres encore trop nombreux où ils se montrent féroces d'égoïsme et d'indifférence.

Le Pape encourage certainement les revendications ouvrières, par cela qu'il les proclame fondées. Les ouvriers, contrairement à la donnée économique, n'ont cessé de prétendre que le salaire devait être réglé par leurs besoins, non par le rapport de l'offre et de la demande. Le Pape approuve cette prétention. Mais il n'excite pas les convoitises irréalisables, par ces phrases vagues, ces assentiments généraux auxquels se complaisent tant de dilettantes en socialisme; il définit, avec une rigueur presque mathématique, ce qui est conforme à la justice et ce qui s'en écarte; il recommande la modération, le bon sens et le respect du droit d'autrui : il prémunit les gouvernements contre les complaisances coupables, les incite à maintenir les ouvriers dans le devoir, à assurer contre la rapine les légitimes propriétés, et, tout en respectant les immunités des grèves même gênantes, à ne pas laisser le champ libre à celles qui s'annoncent elles-mêmes comme des complots contre la sécurité publique (1). Enfin il reste dans les thèses de principe, se gardant d'une immixtion risquée ou tyrannique dans les faits pratiques.

Pas une échappée d'emphase non plus, dans toute l'Encyclique ; et cependant une émotion continue de cœur, *continuus animi motus*, apportée d'Assise, de ce berceau du mendiant par amour, sur le siège épiscopal duquel la tiare pontificale est venue chercher Léon XIII. Le Pontife

(1) La traduction française semblerait indiquer que le fait même d'une grève est une menace à la tranquillité publique : « S'il arrive que les ouvriers, abandonnant le travail ou le suspendant par les grèves, menacent la tranquillité publique. » Le texte latin dit : *Si quando fiat, ut quidpiam turbarum impendeat ob secessionem opificum aut intermissas ex composito operas.*

Il en résulte que le fait de la menace de l'ordre public peut subvenir *ob, à cause* de la grève, mais que la grève elle-même ne constitue pas cette menace. Du reste, c'est expliqué formellement plus loin : « Les grèves dégénèrent facilement en violences et en tumultes, et la tranquillité publique s'en trouve souvent compromise. » *Souvent :* par conséquent, ni toujours, ni nécessairement.

a ressenti toutes les angoisses du pauvre et recueilli toutes les larmes de l'affligé ; il a entendu le mineur haleter au fond des entrailles noires de la terre, la pauvre femme grelotter entre les quatre murs froids de la mansarde ; il embrasse tous ceux qui souffrent, d'une charité émue, d'une pitié attendrie ; il les entoure d'une effusion infinie de sollicitude ; il voudrait les prendre tous sur ses épaules de pasteur, les apporter tous à la lumière du jour, à la chaleur de la vie heureuse.

Les politiciens eux-mêmes, détournés un instant de leurs compétitions, ont été remués par ce langage de sage et d'apôtre, de politique et de pontife, où l'on retrouve la beauté de ce qui descend de haut : et ils l'ont admiré. Vraiment ! ont-ils dit, cet auguste vieillard a prononcé des paroles profondes. Il a compris de quel côté roulait le temps, et il s'est mis dans le courant. Jusque-là, l'Église avait été dans le camp des riches, elle passe dans celui des pauvres. La tactique est d'une habileté supérieure.

Léon XIII ne mérite pas cet éloge où se mêle quelque ironie et surtout beaucoup de défiance. On ne le lui aurait pas adressé, si l'on eût mieux connu la politique de l'Église.

L'Église, dépositaire dans ses trésors doctrinaux d'un ensemble de croyances, ne les étale pas toujours toutes à la même heure, avec une insistance égale; elle s'attache plus particulièment à celle qui répond aux nécessités intellectuelles et morales de l'heure présente. Pélage conteste-t-il la souveraineté du gouvernement divin? lès docteurs et les pontifes expliquent et définissent la doctrine de la grâce. Luther, Calvin, Jansenius, Baïus, nient-ils la liberté de la volonté humaine? ils défendent et définissent le libre arbitre. Aujourd'hui le problème de la pauvreté et de la richesse est devenu l'objet de la préoccupation générale; le Pape expose la doctrine catholique, sur les rapports de la pauvreté et de la richesse. Où est la tactique? Où est le stratagème?

Il n'est pas nécessaire que l'Église change de camp, pour se retrouver avec les pauvres. Quand n'a-t-elle pas été avec eux? Quand a-t-elle cessé d'étendre sur eux, toutes grandes ouvertes, ses ailes maternelles? Les pauvres ont toujours été ses enfants de prédilection. Où, quand, ont-ils eu des serviteurs tels que François d'Assise et Vincent de Paul? Quelle terre ne porte le témoignage de l'inépuisable fécondité de l'action charitable de l'Église? Tant pis pour vous, si vous ne l'avez pas vue jusqu'à présent où elle n'a cessé de se tenir!

La Papauté, à ne considérer que son intervention dans les affaires humaines, a eu d'admirables moments. Elle a été héroïque lorsque, à Canossa et ailleurs, elle humiliait l'arrogance de la force brutale. Elle a été civilisatrice lorsqu'elle a présidé à la renaissance de la science et de l'art, et non moins lorsqu'elle a défendu la dignité de la science et de l'art, et non moins lorsqu'elle a défendu la dignité de la raison et la liberté de la volonté contre les fatalismes théologiques, philosophiques et scientifiques. Elle a été politique lorsqu'elle a conclu, dans le Concordat, l'accord entre les antiques croyances et la nouvelle société. Léon XIII l'élève à une grandeur nouvelle et imposante en essayant, sans s'immiscer dans la politique, une médiation de conseil entre le capital et le travail, et en se présentant aux peuples et aux rois comme le théoricien sacré de la paix sociale.

§ 2

DE LA CONDUITE POLITIQUE

I

Lorsqu'un gouvernement est né d'une révolution, quelle conduite doit-on tenir à son égard?

Les moralistes politiques et les jurisconsultes avaient essayé pour résoudre cette question, de déterminer ce qui constitue la légitimité d'un gouvernement.

Leur théorie établie, ils en avaient conclu qu'à certains gouvernements de fait, établis en contradiction des principes et qui apparaissent parfois dans les évolutions historiques, comme des météores sanglants, il ne faut accorder que la haine et l'implacable combat.

Mais il est d'autres gouvernements de fait qui, malgré leur illégitimité, ne sont dépourvus ni d'intelligence, ni de probité, ni d'intentions droites. Ne leur doit-on rien?

Cela dépend : on ne leur doit rien de ce qui servirait uniquement à sanctionner et à consolider leur illégitime possession; on leur doit, au contraire, tout ce qui contribue au maintien de l'ordre social et à la prospérité de la nation, cette assistance dût-elle par contre-coup les consolider, faciliter leur réconciliation avec la justice, et même effacer le vice de leur origine.

Dans notre siècle, deux papes, Pie IX et Léon XIII, se sont successivement expliqués sur cette délicate question. L'un et l'autre ont écarté les nuances et les fictions des jurisconsultes et prononcé d'une manière absolue, mais dans un sens diamétralement opposé.

Pie IX n'a jamais admis qu'on dût respecter tout ce qui avait réussi, même par l'iniquité. Il s'est indigné « qu'on ait demandé au Saint-Siège, qui a toujours été et qui sera toujours le rempart de la vérité et de la justice, de sanctionner ce principe qu'une chose injustement et violemment enlevée peut être tranquillement possédée par l'injuste agresseur, qu'une injustice qui réussit n'enlève rien à la sainteté du droit ». (Encyclique du 18 mars 1861.)

Il a réprouvé cette maxime « que dans l'ordre politique les faits accomplis, par cela même qu'ils sont accomplis, ont valeur de droit ». (Encyclique du 8 décembre 1864 et articles 59 et 61 du Syllabus.)

La doctrine que vient d'enseigner Léon XIII est tout autre. Excepté à Rome, « l'honneur et la conscience imposent l'acceptation sincère des gouvernements établis en fait, à la place des anciens gouvernements qui, en fait, ne sont plus ; quoique le changement n'ait pas été légitime, au début ». (3 mai 1892).

Ainsi, d'après Pie IX, le fait accompli n'a aucune valeur, s'il n'est pas conforme au droit ; d'après Léon XIII, dès qu'il est constitué et qu'il fonctionne, il s'identifie au droit et on lui doit en conscience et en honneur le même respect. La force créait déjà le droit, dans les relations internationales ; désormais, elle en sera aussi l'origine, dans la constitution des états.

Le principe nouveau est certainement décourageant pour ceux qui méditent le renversement d'un gouvernement, de fait illégitime ; mais il est plein de sécurité pour ceux qui, afin d'établir leur domination, auront consommé, même par le fer et par le feu, la ruine d'un gouvernement légitime.

En attendant que l'avenir prononce entre Pie IX et Léon XIII, le choix est libre entre les deux opinions; car on peut dire, comme nos anciens : — *Non de fide,* ce n'est pas de foi.

Quant à ceux qui considèrent la lettre pontificale, comme une définition *ex cathedra,* ce serait perdre son temps que de discuter avec eux. Il faut les renvoyer à l'école.

II

La lettre du Pape a été aggravée par les commentaires des journaux religieux de Rome.

« Le Pape a recommandé une politique au peuple français, a dit le *Moniteur de Rome.* Dès lors, il n'est pas permis à un catholique de se soustraire au magistère du Souverain Pontife, quand celui-ci juge utile de porter un jugement sur des questions concernant la politique, mais qu'il estime intéresser aussi la religion et sa défense. »

Ainsi ont raisonné dans tous les temps les docteurs du pouvoir indirect du spirituel sur le temporel. Mais, dans tous les temps aussi, les hommes d'État, les jurisconsultes, des évêques éminents tels que Bossuet et saint François de Sales, n'ont pas approuvé ce pouvoir indirect; et aucun Pape n'a défini qu'il appartînt à la substance de la foi et dût être considéré comme partie intégrante de la croyance catholique.

« Je n'ai pas trouvé de mon goût, écrivait François de Sales (822e et 823e lettre), certains écrits d'un saint et très excellent prélat (cardinal Bellarmin) esquels il a touché du Pouvoir indirect du Pape sur les souverains ; non que j'aie jugé si cela est ou n'est pas, mais parce qu'en cet âge où nous avons tant d'ennemis dehors, je crois que nous ne devons rien émouvoir au dedans du corps de l'Église. La pauvre mère poule qui, comme ses petits poussins, nous tient dessous ses ailes, a bien assez de peines à nous défendre du milan, sans que nous nous entre-becquetions les uns les autres et que nous lui donnions des entorses. Enfin, quand les rois et les princes auront une mauvaise impression de leur père spirituel, comme s'il les voulait surprendre et leur arracher leur autorité que Dieu, souverain père, prince et roi de tous, leur a donné en partage, qu'en adviendra-t-il, qu'une très dangereuse aversion des cœurs ? »

Qui ne voit à quelle insignifiance ce système réduirait le pouvoir politique? Si tout ce qui contribue au salut dépend de la juridiction du

Pape, quel acte du gouvernement temporel échappera à cette dépendance? Est-ce la paix ou la guerre, ou les lois ou les jugements? Sera-ce le droit de lever les tributs? Est-ce que tout cela ne peut pas être rapporté à la gloire de Dieu et au salut éternel? En réalité, par ce pouvoir indirect toutes les souverainetés de la terre se trouvent abattues d'un seul coup, totalement anéanties; l'Eglise concentre en elle seule les droits et les prérogatives qui doivent être partagés entre les deux puissances; et le Pape devient, même au temporel, le souverain unique de l'univers.

Ainsi, convertissant à tort un simple conseil en un décret impératif, les journalistes romains soutiennent que le Pape ordonne d'accepter la République dans l'intérêt de la religion.

Dans le même intérêt, il pourrait donc ordonner : demain, de renoncer définitivement à l'Alsace et de s'affilier à la Triple-Alliance; après-demain, de voter en faveur de tel candidat à la Présidence, de préférence à tel autre; plus tard, de renverser ou de maintenir un ministère.

Croit-on que de pareilles immixtions augmenteraient beaucoup le prestige et l'autorité de la Papauté?

Naguère, pratiquant le pouvoir indirect au profit de M. de Bismarck, le Pape poussait les catholiques allemands à augmenter par le vote du septennat militaire les effectifs destinés à nous combattre. Croit-on que cet acte ait réjoui beaucoup le cœur des catholiques français?

Aujourd'hui il les engage à abandonner des positions intrépidement défendues depuis des années, et à capituler. A ceux qui ont brisé leur carrière de magistrat pour protester contre les décrets sur les ordres religieux, il demande de se rallier au gouvernement qui a rendu ces décrets. Croit-on que cela fortifiera leur courage et animera leur dévouement?

Les paroles qui se murmurent sur notre terre de France n'arrivent pas jusqu'à Rome. Nos catholiques les entendent, eux; ils entendent le ricanement satisfait des ennemis.

— « Egratigne-t-on la cour de Rome? disent-ils, elle crie. La touche-t-on sérieusement? elle se contente de protester. Commence-t-on à la battre? elle se réduit aux soupirs. Redouble-t-on les coups? elle n'y tient plus, elle embrasse et elle bénit. Nous ne l'oublierons pas. »

Quelques-uns, il est vrai, affectent de se réjouir et célèbrent le Pape démocrate, avec le langage que tenaient Lamennais dans l'*Avenir* et Gioberti dans le *Jésuite moderne*. Attendez que le Pape soit contraint de blâmer une de leurs usurpations, et vous verrez quelle tempête se déchaînera! Ils semblent avoir oublié l'article premier de leurs chères Lois Organiques; comme ils se le rappelleront alors, et de quel ton indigné ils repousseront cette intervention pontificale dont ils triomphent!

Fut-il sage, habile, nécessaire, d'accepter le gouvernement républicain actuel? il ne serait pas dans l'autorité d'un Pape d'imposer cette évolution aux consciences qui s'y refusent.

Léon XIII a admirablement rappelé tout ce que l'Eglise impose, en matière de gouvernement. Dans son essence, le pouvoir est de Dieu; dans sa forme, il est des hommes. Les dominations ou les principats politiques sont de droit humain, et non de droit divin. Aucun roi n'a eu, ou n'a son droit immédiatement de Dieu; il le tient de la volonté des peuples. Au delà de ces notions primordiales, rien n'est de foi. Les catholiques sont libres, en respectant ce qui est juste et honnête, d'adopter et de défendre les systèmes politiques les plus différents, de préconiser l'autorité ou la liberté, les formes concentrées ou les formes ouvertes, la république ou la monarchie, l'aristocratie ou la démocratie, de recommander avec Bossuet et Bonald un gouvernement monarchique tempéré; de voir dans l'hérédité, comme Joseph de Maistre, la condition essentielle de l'établissement politique, ou de l'exclure absolument comme Bellarmin; d'être autoritaires avec Louis Veuillot, parlementaires avec Lacordaire et Montalembert, républicains avec Buchez et Arnaud (de l'Ariège); de maudire la démocratie, à l'exemple de Donoso Cortès, ou de la bénir comme Chiaramonti et Mgr Guilbert. Aucun Pape n'a le droit d'enchaîner leur liberté à ce sujet, et, malgré le bruit artificiel des soumissions apparentes, la grande majorité d'entre eux répondra inexorablement, à celui qui l'essayera, par la maxime séculaire : *in dubiis libertas*.

L'intervention de la papauté dans un débat de la politique intérieure française, même dans le sens de la justice et de la raison, n'est admissible à aucun titre. Plus la papauté a acquis de forces par la définition de l'Infaillibilité dans l'ordre spirituel, plus elle devrait se montrer circonspecte à ne pas inquiéter les pouvoirs laïques et les sociétés modernes par des interventions risquées.

Le Pape, consolateur et docteur des âmes, représentant auguste de l'idéal, de la justice et du droit, est la plus imposante personnalité de l'univers : le Pape, politicien œcuménique, en serait la plus contestable.

Et qu'on ne prétende pas qu'après tout, Léon XIII n'a fait qu'imiter ses prédecesseurs. Cela serait inexact.

Certainement, les pontifes antérieurs ont reconnu tous les gouvernements de fait, sans s'enquérir de leur légitimité ; mais, précisément parce que leur reconnaissance n'implique aucune légitimation. Le Saint-Siège, en vue de pourvoir aux nécessités ecclésiastiques, attribue-t-il une dignité, — celle de roi, par exemple, — à celui qui, en fait, occupe le trône ? il ne consolide pas plus son titre qu'il n'infirme la revendication d'un rival. Il ne préjuge rien, en aucun sens et au profit de personne. Grégoire XVI a résumé cette longue tradition dans sa Constitution *Sollicitudo* du 7 août 1832, — menaçant quiconque méconnaîtrait sa définition, du courroux des apôtres Pierre et Paul. Ainsi la justice est sauvegardée et la sainte imprescriptibilité du droit n'est, dans aucun cas, sacrifiée à la tyrannie des circonstances.

Si Léon XIII n'accordait à notre gouvernement, par sa lettre récente, que cette reconnaissance règlementaire de style et de nécessité dont Grégoire XVI a si bien limité les effets, rien ne serait plus naturel. Mais cette reconnaissance règlementaire, selon la coutume, a été accordée à la République actuelle, dès son début. Il y a vingt ans, en effet, que le Pape a un nonce à Paris, et la République un ambassadeur à Rome, ce qui constitue la plénitude d'une reconnaissance officielle. La méthode des revaccinations n'ayant pas été introduite en diplomatie, ce qui a été bien fait une fois n'est plus à recommencer. Pourquoi donc cette nouvelle reconnaissance? Évidemment, pour accorder autre chose que ce qui avait été donné une première fois. La première fois, on avait simplement reconnu le fait; cette fois-ci on le recommande. Et on ne le recommande pas en termes vagues : c'est la République, telle qu'elle est constituée, qu'on doit accepter; ce qui paraît condamner même une politique révisionniste.

Pourquoi cette exception? On m'assure que, pour la justifier, un de nos néo-républicains va démontrer qu'aucun des gouvernements précédents n'a aussi bien mérité de l'Église, pas même Louis XIV qui a révoqué l'édit de Nantes, ou Napoléon Ier qui a restauré le culte catholique.

D'autres, moins satisfaits des laïcisations, des lois scolaires, des suspensions de traitement, attribuent cet excès de faveur à l'espérance d'adoucir l'humeur farouche des jacobins. Mais ils y sont plus attachés que le Pape, et ils le défendent contre les véritables radicaux, plus que les catholiques eux-mêmes.

D'autres, enfin, estiment que ces raisons n'expliquent pas suffisamment une conduite dont une des conditions paraît être l'abandon de notre clergé au bras séculier. Ils la rattachent à de vastes combinaisons internationales, de nature à rendre à la Papauté une indépendance que ne lui assure certainement pas la Loi spoliatrice des Garanties, combinaisons au succès desquelles le concours amical de la République serait indispensable. N'est-ce pas, dirait-on, la République de 1848 qui, par son président Cavaignac, a offert assistance à Pie IX, elle qui, par son président Louis Napoléon, a restauré son pouvoir? *Quæ fuerunt, futura.*

Laquelle de ces suppositions est la véritable? L'ignorant, je laisse le champ ouver aux conjectures.

III

Les journalistes romains ont mêlé à leurs thèses doctrinales des personnalités mesquines.

Ils m'ont défié de répondre à cette question : « Dans le cas où l'intervention pontificale se serait produite en faveur de l'Empire, l'auriez-vous qualifiée d'immixtion indue dans les affaires intérieures de la France? »

Je n'ai aucun embarras à répondre, de la manière la plus catégorique, à ce prétendu défi.

Isolé, en dehors des partis, je n'ai pas qualité pour m'expliquer au nom de qui que ce soit, pas plus au nom du bonapartisme que de tout autre parti. Mais, fussé-je le représentant autorisé du parti de l'Empire, je répondrais sans hésitation : — Oui, une immixtion serait indue; car le Saint-Siège n'a pas qualité pour recommander aucun gouvernement, quelle que soit son étiquette. J'ai parfois permis aux autres des exceptions que je me refusais; je n'ai jamais voulu les soumettre à une règle plus étroite que la mienne. L'immixtion du

Pape, s'opérât-elle au profit d'un gouvernement de mon affection, je la considérerais encore comme indue.

Dans mon passé, il y a des actes qui ne permettent pas de mettre en doute la sincérité de cette affirmation.

J'ai proposé au peuple un plébiscite libéral; les adversaires de l'Empire en prirent occasion d'attaquer ouvertement le gouvernement lui-même et de provoquer son renversement. Ai-je demandé l'appui de Pie IX, quoique la fermeté avec laquelle je maintenais la liberté du Concile m'eût donné quelque droit à l'obtenir?

En 1875, lorsque, alarmé de la prétention des hommes de l'ancien régime et du drapeau blanc d'identifier leur cause avec celle de l'Église, j'ai supplié Léon XIII de ne pas permettre une telle confusion, lui ai-je demandé en même temps de se rejeter du côté, soit de l'Empire, soit de la République? Mes paroles sont là : « Rassurez les hommes modérés, toujours les plus nombreux, *rappelez-leur que la religion ne s'identifie avec aucune forme de gouvernement* (1).

Le seul mobile personnel qui m'ait animé

(1) Emile Ollivier. Le Concile du Vatican, tome 2, p. 512.

dans cette polémique est de ceux qu'on peut avouer hautement. Sans moi, il y a vingt-trois ans, sans ma résistance aux incitations du prince de Bismarck, du comte de Beust, de lord Granville et d'une partie puissante des catholiques français, la proclamation définitive de l'Infaillibilité aurait peut-être été empêchée par la dissolution du Concile. J'ai donc, comme homme politique, devant l'histoire la responsabilité d'avoir aidé l'Église à définir librement les prérogatives et la supériorité de son magistère suprême. Par cela même, j'ai le devoir de m'opposer autant qu'il est en moi à ce que l'on donne à l'Infaillibilité, définie par le Concile du Vatican, une extansion outrée dont on s'était défendu au moment de la discussion et qui serait de nature à rouvrir les plus pénibles conflits religieux.

§ 3

DES FABRIQUES

A Rome on paraît se réjouir des dispositions conciliantes du Gouvernement qu'on a recommandé à la conscience du peuple français, comme étant, plus qu'aucun autre, capable et digne de lui procurer la paix sociale.

Ce Gouvernement vient de donner, des dispositions conciliantes qui l'animent, un nouveau témoignage trop caractéristique pour que nous ne le signalions pas à la reconnaissance de la Curie romaine. Il s'agit de l'administration des fabriques.

D'après les principes canoniques, les biens ecclésiastiques consacrés au culte doivent être à l'abri de toute immixtion séculière.

La théorie de la séparation de l'Église et de l'État arrive au même résultat, en partant d'un point de vue tout opposé. Dès que l'Église et l'État doivent avoir une vie indépendante, il s'ensuit que les intérêts temporels de l'Église sont hors de la compétence de l'État, et que, sauf le respect des lois générales, celui-ci n'a pas le droit d'y intervenir.

Ainsi la théorie révolutionnaire, aussi bien que la doctrine canonique, s'accordent à exiger l'abrogation du décret-loi de 1809 sur les fabriques, justement blâmé par le cardinal Fesch. Les fabriques ne doivent relever que des évêques, pour leurs règlements et leur comptabilité. Ni les Conseils municipaux, ni l'administration centrale ou préfectorale, n'ont à s'en mêler.

Cependant, loin d'abroger le décret de 1809, le Gouvernement conciliateur, dirigé par des partisans au moins théoriques de la séparation de l'Église et de l'Etat, vient de l'aggraver au point de le rendre intolérable.

Après l'école et l'hôpital, l'église est laïcisée à son tour.

En attendant qu'on demande compte aux pasteurs de la manière dont ils administrent les sacrements, on les chasse de la fabrique. Ils y dominaient à juste titre, sous le couvert du marguillier comptable. Désormais, sinon immédiatement, du moins bientôt, aucun laïque ne consentant à rester sous le coup des responsabilités nouvelles, le percepteur remplacera le fabricien, et où le curé trouvait un ami et un instrument, s'installera un contrôleur gênant toujours et parfois hostile.

Le contrôle supérieur des comptes et de la gestion appartenait à l'évêque : il sera transféré au préfet, au conseiller de préfecture, à la Cour des Comptes.

Depuis leur avènement, les jacobins travaillent avec une rare intelligence à la domestication de notre clergé. Ils ont commencé par ne nommer aucun évêque sans une promesse de dévouement politique, faite au nom du candidat par un député ou un sénateur, promesse qui n'est pas toujours démentie après la nomination. Ils en sont venus à ne plus approuver aucun curé de canton, sans l'assentiment du politicien influent du lieu. En outre, ils réclament même la liste des simples desservants dont la nomination ne doit pas être approuvée.

Le bâton assagissant de la suspension administrative du traitement est toujours levé sur la tête du prêtre et de l'évêque.

Autrefois, les communes étaient astreintes à subvenir largement aux nécessités du culte: aujourd'hui, les dépenses obligatoires se réduisent à l'indemnité de logement, quand il y a lieu, et aux grosses réparations des édifices. Cependant, tandis qu'autrefois les fabriques n'étaient astreintes qu'à un dépôt platonique du double de chaque compte annuel de leur trésorier, aujourd'hui les budgets et comptes des fabriques sont soumis annuellement à l'examen des Conseils municipaux, de plus en plus contraires aux intérêts religieux.

Autrefois, l'État accroissait annuellement le budget des cultes; il ne cesse de le réduire, et cependant il soumet chaque jour à une subordination plus étroite ceux auxquels il donne chaque jour moins. Plus il relâche ses obligations, plus il resserre celles du clergé.

Cette savante stratégie vient d'être couronnée par la mainmise de l'administration, sur le temporel du culte. L'entreprise, maintes fois tentée depuis 1815, avait chaque fois échoué; elle prévaut enfin, sans qu'on ose même la contester.

Maintenant, *consummatum est!* C'est fini : l'assujettissement de l'Eglise de France est consommé.

Et n'attendez pas qu'ils compromettent ces résultats, en dénonçant le Concordat. Le Concordat primitif, le Concordat équitable et libéral de Napoléon Ier et de Pie VII est virtuellement abrogé, depuis que, par le jeu des suspensions arbitraires, le salaire du clergé d'*obligatoire* est devenu *facultatif*. Ce qu'ils appellent encore Concordat n'est plus qu'une Constitution civile du Clergé hypocrite, à laquelle ils tiennent comme le geôlier tient à la chaîne à double maille par laquelle le prisonnier est rivé à l'anneau de la captivité. L'intolérance leur réussit si bien, leur vaut des bénédictions et des ralliements si inattendus, qu'on se demande pourquoi ils y renonceraient. Ce n'est pas le suffrage universel, abêti par son organisation anarchique, corrompu par la candidature officielle, obligé à l'insignifiance par le scrutin d'arrondissement, dérouté par tant de volte-faces surprenantes, qui les contraindra à se dédire. Nous nous en convaincrons bientôt. Ils continueront donc à conduire le clergé complètement maté sous une houlette qui restera paternelle, tant que quelques coups solidement assénés ne seront pas nécessaires pour réduire les indisciplinés à l'alignement légal.

Les dispositions du règlement attentent aux libertés légitimes de la religion catholique : elles offensent encore plus ses ministres.

D'un bout à l'autre circule la présomption que nos prêtres si respectables, si désintéressés, si charitables même dans leur dénuement, objet de l'admiration de toute la catholicité, sont des aigrefins cupides aux doigts crochus, contre les malversations et les fraudes desquels on ne saurait trop se prémunir.

La levée des troncs, dans lesquels sont déposées les offrandes, motive notamment les précautions les plus insultantes. Des témoins devront y assister. Lorsque le percepteur sera le comptable, il faudra attendre ses jours de tournée. Le tronc aura une double serrure, dont l'une sera aux mains de l'agent du fisc. En vérité, il n'y manque que l'intervention du gendarme!

Jusque dans les moindres détails, on sent l'arrière-pensée outrageante. Dans les modèles de budget envoyés, au lieu du terme canonique consacré, les *Vases sacrés*, on a mis, les *Ustensiles d'église*. Le digne prêtre qui me signalait ce fait, en blémissait d'émotion. Désormais, il y aura les ustensiles d'église, comme pendants aux ustensiles de cuisine.

Et l'Épiscopat se tait!

Mais existe-t-il encore un Épiscopat? On l'a cru, le jour où le grand archevêque d'Aix, Mgr Gouthe-Soulard, de glorieuse mémoire, a porté sa fière déclaration aux juges de la Cour de Paris. Depuis que le noble condamné a été désavoué par la Curie romaine, en même temps qu'il était frappé avec fureur par l'administration sectaire des cultes, on a trouvé encore des évêques pieux, doctes, éloquents, mais on a cherché en vain un Épiscopat.

Il n'y a plus d'Episcopat! c'est ce que nos prêtres murmurent tout bas d'un bout du pays à l'autre. Il n'y a plus d'Épiscopat! c'est ce que proclament avec étonnement les prélats étrangers, surpris de tant de résignation dans l'Église des Franchises et des Libertés.

Bossuet avait dit dans une page que Michelet admirait, comme l'une des plus harmonieuses de la langue française : « Semblable à une épouse désolée, l'Église ne fait que gémir, et le chant de la tourterelle délaissée est dans sa bouche. » On nous raconte encore parfois que, plus que jamais, notre Église nationale est semblable à une épouse désolée. Mais pourquoi alors n'entend-on plus dans sa bouche « le chant de la tourterelle délaissée ? » Pourquoi est-elle toujours prête à revêtir les habits de fête, à offrir l'encens et à chanter l'alleluia?

Quant à nous, libéraux inébranlablement attachés à cette indépendance de l'Église et de l'État promulguée par la Révolution française, et qui ne sommes condamnés ni au silence de la soumission ni à celui du calcul, les yeux fixés sur l'étoile polaire qui montre toujours le vrai chemin, — la Justice, — nous ne cesserons de réclamer en faveur de ceux qu'une fausse prudence place dans l'impossibilité de se défendre eux-mêmes contre les audaces de la force ou les machinations de la ruse.

§ 4

APRÈS LES ÉLECTIONS (1)

Il y avait dans la politique en France de Léon XIII, deux visées : l'une purement négative, l'autre affirmative.

La visée négative était d'anéantir aux pieds de la République, les braves gens qui, depuis des années, prodiguent leur temps, leur bourse, toutes les ardeurs de leur âme à la défense de l'Église, parce qu'ils avaient le tort d'être monarchistes en même temps que religieux.

Ce but a été atteint : le parti monarchiste est aux trois quarts anéanti ; près de cent de ses membres ont été remplacés par des républicains. Sous ce rapport la politique romaine a triomphé. Non certes que ce résultat doive lui être exclusivement attribué, mais elle y a contribué pour une certaine part.

Elle a été moins favorisée dans sa visée affirmative qui tendait à la constitution d'un

(1) Les élections législatives du 20 août et du 3 septembre 1893.

parti catholique ultramontain, accepté par le suffrage universel, grâce au ralliement à la République. Le suffrage universel ne s'est pas laissé gagner ou convaincre. Au Nord comme à l'Ouest et au Midi, il a, à de très rares exceptions près, écarté tous les ralliés à la politique de Rome. La chute la plus significative a été celle, en Morbihan, pays conservateur et religieux, de l'orateur éminent que Léon XIII avait en quelque sorte sacré, en qualité de Sous-Pape laïque pour la province des Gaules.

On discutait un jour devant un jésuite de beaucoup d'esprit, sur les limites du pouvoir pontifical, et l'on ne parvenait pas à s'entendre. « Rien de plus simple, — dit le jésuite ! — Au temporel comme au spirituel, le Pape jouit d'un pouvoir sans limites, mais tempéré par la révolte de ses sujets ». Cette fois-ci, les sujets de France ne se sont pas soumis.

Les hommes de premier ordre, qui viennent de succomber, se relèveront et reprendront leur place dans notre Parlement qu'ils ont illustré et qu'ils illustreront encore. L'échec de la politique à laquelle ils doivent leur exclusion provisoire est, au contraire, je le pense du moins, définitif, irrémédiable.

L'idée de faire intervenir un Pape, d'une manière quelconque et au profit de n'importe qui, dans nos affaires intérieures, est, en effet, aussi peu théologique que peu patriotique.

En matière dogmatique et morale, et dans tout ce qui se rattache à l'ordre *purement* spirituel, le Pape définit ou ordonne, et quiconque ne lui obéit pas se sépare de l'Église. En matière de politique intérieure de chaque nation, il n'a rien à enseigner ou à ordonner à des hommes d'État qui, penchés depuis des années sur les faits pour les observer, voient, sentent, savent mieux que lui, ce que réclament l'intérêt et l'honneur de leur patrie, et surtout ce qui s'adapte le mieux aux exigences du moment.

En France, il y a une théologie, une morale, une autorité ecclésiastique du Pape ; il ne doit pas y avoir une politique du Pape ; Comme souverain pontife, le Pape n'est étranger nulle part ; comme politique, il l'est partout, excepté en Italie.

C'est pourquoi les nonces pontificaux ont été considérés, par le commun accord de tous les peuples, comme les représentants d'un Souverain étranger. Le Gouvernement auquel j'ai appartenu a eu l'occasion de le rappeler à un nonce qui l'avait oublié. Voici, en effet, ce qu'on lit dans une note du *Journal officiel* de juin 1870 :

« Il résulte d'une récente publication, que la nonciature apostolique aurait communiqué à la rédaction d'un journal français une lettre du secrétaire des Brefs de Sa Sainteté, invitant son Excellence le Nonce à répondre aux adresses envoyées au Saint-Père, à l'occasion du Concile, de différents points de la France. Notre droit public interdisant formellement, dans l'intérieur de l'Empire, ce genre de communication *et assimilant en tout point le Nonce du Saint-Siège à un ambassadeur étranger*, le ministre des affaires étrangères s'est vu dans l'obligation d'appeler l'attention de Mgr Chigi *sur une pareille irrégularité*. Les explications de Mgr Chigi ont établi que la dite publication a eu lieu, par suite d'une erreur. *Il a exprimé son regret, en déclarant qu'à l'avenir un pareil incident ne se renouvellerait pas.* » Connaissance préalable de cette note avait été donnée à Mgr Chigi.

Du reste, Léon XIII, dès qu'il sort de son office de docteur suprême, divinement assisté, qu'il redevient homme faillible et pécheur à l'égal du plus humble des fidèles, se retrouve en même temps Italien, associé aux joies et aux épreuves de son pays natal. N'a-t-il pas, par exemple, ordonné des prières pour le fait italien de Dogali? Il n'a rien prescrit de pareil, pour le fait français de Lang-Son.

Non seulement le Pape, comme homme, a les mœurs, les idées, les sentiments, les aspirations, les vues, les traditions, l'entourage d'un Italien; mais, comme Souverain, il est l'ami d'autres Souverains, nos ennemis acharnés, des désirs et des intérêts desquels, cependant, il est obligé de tenir compte autant que des nôtres. Quels que soient son intelligence et son bon vouloir, comment, au sortir d'une entrevue avec l'empereur Guillaume, ou après l'institution à Strasbourg d'un évêque contraire à la fidélité française, comment aurait-il une vue claire de ce qui convient à notre sécurité et à notre grandeur?

Il existe déjà un parti socialiste qui cherche ses inspirations et ses mots d'ordre à l'étranger, dans les livres ou les congrès internationaux. S'il se formait à côté un autre parti, recevant de Rome sa règle de conduite, que resterait-t-il de notre vie nationale?

Ce parti ne se formera pas.

C'est parce que les libertés gallicanes sauvegardaient notre autonomie intérieure, que le protestantisme n'a pas trouvé chez nous l'élément qui a tant contribué à son essor en Allemagne. Les libertés gallicanes ecclésiastiques, contenues dans les trois derniers articles de la Déclaration de 1682, sont mortes depuis le Concile du Vatican ; et nul ne saurait y revenir, sans renoncer à la foi catholique. Mais l'article 1er de cette Déclaration qui consacre l'indépendance de la société laïque est encore vivant, debout, et sa défense constitue toujours un des principaux intérêts publics. L'Église n'y est pas moins intéressée de l'État ; car l'expérience démontre que l'État entreprend sur elle, dans la mesure où elle-même a entrepris sur lui, et jamais elle n'est plus compromise et plus menacée qu'au lendemain d'une de ses usurpations éphémères. Elle a assez de peine déjà, à obtenir des gouvernements sa liberté; qu'elle ne tente pas de leur imposer sa domination.

Le renoncement à toute ingérence temporelle, utile en tous les temps, est impérieusement commandé dans les jours difficiles. Alors vraiment il y a plus de force dans les héroïsmes de l'apostolat, que dans les finesses de la politique. Avez-vous observé des oiseaux assaillis par des enfants, à coups de pierres. Que font-ils, pour se préserver? Ils ouvrent leurs ailes, et ils montent en haut. Est-ce en fermant les siennes et en descendant à terre, que l'Église échappera à la lapidation ? Qu'elle les étende, au contraire, bien grandes ; qu'elle monte en haut, qu'elle s'établisse au-dessus de nos discordes ; et là, sous le regard de Dieu, personne ne l'atteindra plus.

FIN

TABLE DES MATIÈRES

OUVRAGES D'ÉMILE OLLIVIER

Le 19 janvier.. 1 vol.
L'Église et l'État au Concile du Vatican...... 2
De la Liberté des Sociétés...................... 1
Thiers à l'Académie et dans l'Histoire........ 1
Lamartine... 1
Le Pape est-il libre à Rome?................... 1
Principes et Conduite.............................. 1
Le Concordat et la Séparation de l'Église et de l'État.. 1
Le Ministère du 2 janvier......................... 1
1789 et 1889.. 1
Nouveau Manuel de Droit ecclésiastique..... 1
Michel-Ange... 1
Solutions politiques et sociales................ 1

EN PRÉPARATION :

La Guerre de 1870 et la Chute de l'Empire

872-93. Paris. — Imp. A. Bellier et Cie (Balitout, direct.) 18, rue de Valois.

www.ingramcontent.com/pod-product-compliance
Ingram Content Group UK Ltd.
Pitfield, Milton Keynes, MK11 3LW, UK
UKHW020430200726
13857UKWH00002B/368